大展好書　好書大展
品嘗好書　冠群可期

發展太極對練

弘揚武術文化

張文廣

二〇〇三年六月

著名武術家張文廣教授題詞

曾乃梁先生近照

↑為晨練者演示太極拳對練

↓為中外太極拳愛好者
表演太極拳對練

曾乃梁與陳思坦在
「世界太極健康大會」
上表演太極拳對練

曾乃梁先生表演太極拳

與愛妻衛香蓮在武夷山
上演練太極拳對練

與愛女曾衛江演練太極拳對練

夫妻對練武當太極劍

↓指導女子南拳亞運會冠軍王慧玲

↑與弟子、太極拳冠軍林秋萍在一起

↓指導女子太極拳世界軍冠范雪平訓練

作者與弟子、男女太極拳世界冠軍
陳思坦和高佳敏

↑領受《中國大百科全書·
　武術分冊》的編委證書

接受中國武術協會頒發的
「中國當代十大武術教練」
榮譽證書　➡

↓ 近年來獲得的部分獎章、
　獎杯、證書及聘書等

苗子時為小隊員作示範一九九七年，到基層選拔武術

➡ 吳秋花在表演雙匕首進槍當年的小林秋萍（左）和小

➡ 影視拍攝與弟子陳思坦一同參加

➡ 裳》中扮演道長師弟在武打影片《木棉袈

↓在日本講學時與弟子們合影

↑在加拿大雷灣市講學時，受
　到該市市長（中）的接見

↑分別來自中、日、韓三國的弟子，包攬了
　第二屆世界武術錦標賽男子太極拳前三名

↑指導加拿大學員練習太極劍

武術特輯

76

新　編
太極拳對練

曾乃梁　陳思坦　編著

大展出版社有限公司

序

　　曾乃梁教練主編的《新編太極拳對練》一書即將出版，他希望我能作個序，我欣然答應了，因爲我對他是比較了解的。

　　我開始認識乃梁先生是在 1975 年舉行第 3 屆全運會上，他同我談了關於加強武術基礎理論建設的許多構想，後來組織有關人員合作出版了《武術運動小知識》《武術基礎練習》等小冊子。乃梁先生是「文革」前的北京體院武術研究生，具備一定的理論功底。1977 年他從河南調回福建組建省武術隊。在他 20 年的主教練生涯中，培養出陳思坦、高佳敏、林秋萍、魏丹彤、王慧玲和吳秋花等一大批蜚聲中外的世界及亞洲冠軍。乃梁成了我國首批五位國家級武術教練員之一，被中國武術協會評爲全國當代「十大武術教練員」之一。

　　他在一線培育英才的同時，也不忘辛勤筆耕。他爲《中國大百科全書》體育卷及《中國武術大辭典》撰寫了部分條目，參與創編《太極劍競賽套路》及修訂《太極拳競賽規則》，參與《中國武術大百科》的編審工作，參與中國武術段位制教材的審訂工作。1997 年首屆全國武術學術研討會上，他的論文獲大會優秀獎，這是大會共 11 篇優秀獎中惟一作爲教練員獲得的一篇。尤其值得一提的是，乃梁主動退居二線及退休之後，更是大力投入太極拳健身的群衆活動之中，還不斷總結經驗，有所創新。

　　他同妻子、武術副教授衛香蓮合編的《六手太極功》在海內外廣泛傳播，現已有日文版和英文版的書籍出版。去年 24 萬餘字的《走進太極拳》一書問世，對推動太極系列初段位的

普及起了積極的作用。近期他還主編了《42式華武太極扇》《30式華武太極扇》及《48式華武太極杆》等套路。數年來同弟子陳思坦、高佳敏合作拍攝太極系列教學片 VCD 和錄影帶《太極拳大系》《中華太極譜》共 17 盒，真可謂不懈追求，成果頗豐。

說到這本《新編太極拳對練》，也是乃梁先生的一個太極情結。31 年前他和衛香蓮就掌握了這一套路，認爲這是老一輩武術家經驗的結晶，決心很好地繼承下來。

在多年的教學和表演中，乃梁也發現傳統套路中的一些問題，如節奏比較平淡，缺少高潮，布局也是直來直往、較爲單調等等。因此，他大膽地融進八卦掌的擺、扣、旋、翻的內容，還有部分擒拿對打的內容，化爲太極的風格，還加進陳式太極拳的發勁、震腳等內容，使內容更爲豐富，節奏平穩中見變化，布局也有立體感，甲乙起、收勢動作也不雷同，諸如此類。《新編太極拳對練》無論在健身還是表演效果上都提升了一大步，使之更具健身性、觀賞性和科學性，也有時代的氣息。

中華武術歷史悠久，根基在民間，民間武術十分重視傳統，這是很好的；但民間武術也要解放思想，敢於突破傳統才能發展，做到與時俱進，開拓創新。只有這樣，才能更好地融入社會，更好地爲滿足人們健身與觀賞的需要，跟上時代的步伐。

在此我祝賀此書的出版，希望廣大群眾喜歡。

國際武聯第一屆技委會主任
張　山

前　言

　　《新編太極拳對練》一書終於脫稿了，我的心中有一種說不出的興奮，因爲它圓了我三十多年的一個「太極拳對練」的夢。

　　那是在 32 年前，即 1972 年全國武術比賽大會在山東濟南舉行期間。在那裡我向已故著名武術家沙國政老師學習了太極拳對練，回到我當時工作的單位河南安陽市體校，當年就同妻子衛香蓮一起演練、表演、傳播。安陽的武術朋友覺得這眞是一件寶貝，愛不釋手。1977 年我調回福建組建省武術隊至今，一直沒有停止對這套太極拳對練的熱愛與鑽研。

　　1984 年 10 月，福建省武術團首次出訪日本沖繩縣、長崎縣，我同愛徒、獲兩屆世界武術錦標賽和首枚亞運會太極拳金牌的陳思坦表演了這套太極拳對練，後在《中華武術》雜誌上還刊發了這套對練的照片和文章。初次表演的成功，使我倆激動不已，從此一發而不可收。

　　1985 年福建省武術團訪問香港、澳門以及隨後在多次國內外重大訪問表演中，我們師徒都登場獻技，得到廣泛的好評。尤其是 2001 年 3 月在海南三亞舉辦的首屆世界健康大會上，我們師徒二人的太極拳對練的表演更是獲得滿場喝采，表演之後許多拳迷久久不願離去，等候同我倆合影或要求簽名留念。後來應邀在河南焦作國際太極拳節上做表演也有類似的情景。

還有許許多多感人的故事。記得在 2000 年我們在福州舉辦新世紀首屆太極拳培訓班時，報名參加學習太極拳對練的就有省內外的朋友 21 對 42 人，其中有兩對來自福建晉江的女青年說：「我們可不可以先演練給老師看看？」我們驚訝了，還沒開始教學，你們怎麼都會了呢？她們演練後道出了其中的秘密：原來她們對著我與弟子思坦 1997 年出版的《太極拳大系》VCD 中的「對練」教學片，放慢動作一招一勢模仿，用了半年時間才初步掌握的。還有日本的公田仁志、宇佐美菜穗子、小浪吉史等人同樣是靠錄影帶放慢動作來學習的，儘管一年才學會半套，但精神可嘉。人們對太極拳對練的如此酷愛，使我們進一步認識到太極拳對練蘊藏著多麼誘人的、巨大的魅力啊！

我和陳思坦在多年的演練、表演和教學過程中，還發現原有的太極拳對練套路也有不夠完善的地方。譬如內容較單一，全是楊式為主的；布局欠飽滿，基本上是直來直去；節奏欠變化，比較平淡，表演中難出現高潮，以及運動量不夠等等。我們想，繼承傳統固然重要，但發展創新更不可少。

新中國成立以來，競技武術開拓創新步伐很大，取得可喜的成果，從理論、技術、難度動作、評分標準與方法等方面都進行了大刀闊斧的改革；然而民間傳統武術改革的步子就偏小，甚至有不能改變師傳、越古老越正宗的觀念，這就大大地阻礙著武術事業的與時俱進和開拓創新。而如果武術不能與時俱進，不能發展創新，必將跟不上時代的步伐，必將失去生命力。

正是基於這樣的認識，我們認為應該「繼承而不泥古，創新而不離宗」，應該對民間武術大膽地進行改造。所以，我和

思坦就嘗試著在這套以楊式太極拳為主的太極拳對練的內容中加進陳式、孫式太極拳的少量動作，特別是陳式發勁、彈抖與翻身跳的動作；再加進八卦掌中擺扣行圓和旋翻的動作以及長拳對練中的個別動作，經過改造融進太極拳對練中來，體現柔和連綿、沾連黏隨及化而後發的風格。

新對練同時改變了布局，加進幾個斜線、斜角線路，使布局較為飽滿圓撐，節奏也有一些變化。如在二段末、三段初略加快一些速度和發勁，形成一個高潮；最後又在掀起一個高潮中結束。如起、收勢甲乙做不同的動作，一方高姿，一方中、低姿，形成不同的亮相造型，都能襯托出節奏的變化。

新編對練運動量也增大了，提高了健身的效果，體現出科學性、健身性和觀賞性。

值得一提的是，在創編的過程中，得到許多領導和朋友寶貴的支持和幫助。我的恩師、著名武術家張文廣教授為本書題詞。國際武聯第一屆技委會主任、原中國武術研究院副院長張山在百忙中為本書作序，給了我們很多的肯定與鼓勵。在此致以深深的謝意。

福州華武功夫指導中心的拳友們認真地提出意見。中心主任、武術高級講師衛香蓮，副主任、南京軍區福州總院信息科主任王言貴及全國中醫學院武術比賽四枚金牌獲得者、華武俱樂部主任曾衛紅等人都提出了許多真知灼見。衛香蓮和福建省中醫學院林旭老師還為本書繪製了步法路線圖。福州軍區第一幹休所的蔣君毅政委為本書的拍攝給予大力支持。還有我的學生、攝影師曾建凱和陳向榮不辭勞苦，為本書拍攝了兩百多張精美的照片。在這裡一併表示衷心的感謝。

最後要說的是，我們這套新編太極拳對練是在繼承傳統的

基礎上，大膽地進行創新的嘗試。限於水準和時間，恐有不當之處，敬請同行專家和朋友予以指正。

曾乃梁

目　錄

第1章

新編太極拳對練的特點及練習注意事項

第一節　新編太極拳對練的特點

近年來，全球性的太極拳熱方興未艾。隨著太極拳單練運動包括各式的拳、劍、刀、扇的廣泛開展，人們又都渴望創編一套能夠包容健身性、娛樂性、競技性和表演性的太極拳對練套路。

在80年代初，著名武術家沙國政老師整理出版了《太極拳對練》一書，應該說這本小冊子對推廣太極拳對練、提高練習太極運動的興趣、熟悉太極運動的攻防原理都起到十分重要的作用。我們這套《新編太極拳對練》就是在此套套路的基礎上，融合了陳式太極拳、八卦掌和長拳擒拿等方面的內容，加以改造，在布局、節奏、難度、運動量等方面都進行了大膽的改革與創新的嘗試，力求傳統性與時代性的高度結合，讓古老的傳統文化煥發青春，體現出時代的特徵。這

應該說就是我們創編《新編太極拳對練》套路的初衷。

那麼這套《新編太極拳對練》有什麼特點呢？我們把它概括為以下三個方面：

一、動作圓活，勢勢相承，布局飽滿

在太極拳對練中充分體現太極拳單練那種柔和、緩慢、圓活、連貫的特點，勢勢相承，連綿不斷。要求比傳統套路練法上幅度加大，充分體現含展俯仰及轉折等身法；同時布局改變以往直來直去的動作線路，而增加一些斜線，即除「四正」外，加進「四隅」，使之更有立體感，布局更飽滿、圓撐。無疑這將增強健身與觀賞的效果。

二、攻防合理，以柔克剛，不丟不頂

在太極拳對練中要遵循「以柔克剛」「捨己從人」和「沾、連、黏、隨」的原則，充分體現「以靜制動」「化而後發」的攻防原理。當然，它介於單練套路和推手比賽之間，練習中既不能拙力頂抗，又不能軟塌無力，要外柔而內剛。「內剛」體現在雙方均要運用柔和的「掤」勁，這可理解為輕柔的向外膨脹的力量。能夠借對方的力量，叫見力生力，見力借力。

如對方打來 5 兩的力量，我若以 8 兩勁抗之，只餘 3 兩勁；我若順其力加進 8 兩力，豈不變成 1 斤 3 兩的力量嗎？新編太極拳對練由於加大動作幅度，所以，更能體現誇張了的攻防，更清晰地體現太極拳的攻防特色。

三、提高難度，變化節奏，增大運動量

這套新編太極拳對練套路比原傳統套路增大了難度，即在楊式內容的基礎上，加進了部分陳式的動作，如震腳及發勁動作；還加進了八卦掌及長拳類跳躍的動作，融化成太極的風格。

如第 37、38 動，第 44～46 動這 5 個動作，就是從八卦掌動作改造、移植過來的（約占全套的 7.1%）。

而起、收勢甲乙的動作都不雷同，增加了變化。第 39～42 動的 4 個動作及「起勢」甲的動作，第 50 動甲和第 33 動乙的動作則是從陳式太極拳中融合進來的，共 5.5 個動作（約占全套的 7.8%）。

第 33 動甲的「雙分箭彈」和乙的「跳翻身砸腳」則是分別從長拳和陳式太極拳動作中加以改造而融為一體的。

為此，整套的節奏感不會平鋪直敘，而是體現了在太極拳風格基礎上的起伏轉折的變化。動作數量也從原套的 56 個動作增至現套的 70 個動作。尤其是跳躍、翻轉和發勁動作的加入，就明顯地增大了運動量。

我們進行了脈搏和血壓這兩項簡易指標的測試：陳思坦（對練中乙的演練者，男，36 歲），安靜時脈搏為每分鐘 63次，練完舊太極拳對練套路（下稱「舊套路」）後，第 1 分鐘脈搏上升到 75 次／分，比安靜時增加了 12 次；而到第 2分鐘脈搏即恢復到 63 次，與安靜時一致。當練完新編太極拳對練套路（下稱「新套路」）後，第 1 分鐘脈搏則上升到 90次／分，比安靜時增加了 27 次；而到第 3 分鐘脈搏才恢復到

65 次／分，接近安靜時的次數。

陳氏安靜時的血壓為 110／70 毫米汞柱，練完「舊套路」後，第 1 分鐘血壓上升到 120／68 毫米汞柱，高壓比安靜時增加 10 毫米汞柱；而到第 2 分鐘時血壓就基本恢復至安靜時水平，即 114／70 毫米汞柱。當練完「新套路」後，第 1 分鐘血壓就上升至 140／80 毫米汞柱，高壓上升了 30 毫米汞柱，低壓增加了 10 毫米汞柱；而到第 5 分鐘時才恢復正常，為 106／68 毫米汞柱。

曾乃梁（對練中甲的演練者，男，62 歲），安靜時脈搏為每分鐘 69 次，練完「舊套路」後第 1 分鐘脈搏上升到 88 次／分，比安靜時增加了 19 次；而到第 5 分鐘則恢復正常，為 69 次／分。當練完「新套路」後，第 1 分鐘脈搏則上升到 112 次／分，比安靜時增加了 43 次，而到第 6 分鐘則恢復正常，為 67 次。

曾氏安靜時血壓為 118／84 毫米汞柱，練完「舊套路」後，第 1 分鐘上升到 138／90 毫米汞柱，高壓只上升了 20 毫米汞柱，低壓只上升了 6 毫米汞柱；而到第 4 分鐘也就恢復正常，為 118／80 毫米汞柱。當練完「新套路」後，第 1 分鐘就上升至 160／92 毫米汞柱，高壓上升了 42 毫米汞柱，低壓增加 8 毫米汞柱；到第 6 分鐘才基本恢復正常，為 126／86 毫米汞柱。

由以上指標可以看出，新編太極拳對練運動量較大，對練習者身體要求更高，鍛鍊價值也更大。

第二節　練習新編太極拳對練
的注意事項

新編太極拳對練套路是有一定難度的，所以在教學和練習中應該注意以下方面。

一、循序漸進，切塊進行，先分後合

如對初學者，應首先指導他們練習單推手、雙推手及四正推手等，然後開始練習此對練套路。開始進度寧可慢一些，掌握好之後，再向前推進，而且要邊鞏固邊推進，切勿貪多求快。

全套分為四段，在教學中每段還可分成若干組，切塊推進。先要求路線、方向搞清楚，再要求勁力與連貫。個別複雜動作還要分解，如「轉身大捋」等，先學下肢步法，再練上肢手法，最後上下合成，加上身法，諸如此類。

初學者首先只要求熟練掌握一方動作，不能過早地要求一個人把甲乙方動作都學會，否則將混淆不清，事倍功半。

二、圍繞攻防，防止「頂牛」，以高領低

「對練」中幾乎每一招、每一式都充分體現太極拳的「以柔克剛」「捨己從人」和「形圓不敗」的攻防原理，所以教師要一招一式地講清攻防原理。講攻防時要結合「掤、捋、擠、按、採、挒、肘、靠」這八種手法和「進、退、

顧、盼、定」這五種步法來講。進攻到位可先停一會兒，再講如何防守，防守到位可停片刻再講解如何防守反擊。要防止初學者比試力量造成「頂牛」的局面。要「先求順、而後添勁」，即動作路線、方向準確之後，再逐漸增加力度。

對練雙方儘可能是水準相當者，這樣比較容易相互配合；當然如有可能，安排水準較好者來領帶水準較低者則更好。這好比跳交誼舞一般，有人領舞初學者就會被帶動起來。

三、啓發性、體驗性、互動性

首先要求啟發性，教師要善於啟發誘導，多鼓勵表揚，不能從事「填鴨式」的一味灌輸。啟發可以用語言，也可用動作，也可讓個別動作好的學員示範，教師講解；還可借助錄影帶、VCD 等現代教學手段結合進行。

體驗性，就是要親自體驗攻防，讓學員自身體驗，有時教師要多做「靶子」，讓學員體驗攻防的勁道，即用觸覺來體驗——「聽勁」。

互動性，是指活潑多樣的教學方式，讓教與學雙方能有效地溝通。教師還可適時提出問題，讓學員展開討論，這樣往往比單一的教師單向灌輸效果好得多。如果教師能講點力學原理，或結合人體解剖學和生理學，講點相向用力、相輔相成、相反相成，及力隅、圓切線分力等等，效果則更好。

第2章

新編太極拳對練套路

第一節　新編太極拳對練動作名稱

第一段（1～18動）

預備勢

1. 起勢（甲陳式、乙孫式）
2. 甲 右金剛搗碓（陳式）　　乙 攬扎衣（孫式）
3. 甲 右金剛搗碓（陳式）　　乙 開合手（孫式）
4. 「左單鞭」（甲乙同）
5. 甲 上步右沖捶　　　　　　乙 撤步右提手
6. 甲 進步抄手沖捶　　　　　乙 搬手沖捶
7. 甲 換步左靠　　　　　　　乙 右伏虎
8. 甲 左頂肘　　　　　　　　乙 右推肘
9. 甲 左撇身捶　　　　　　　乙 右靠

10. 甲 左伏虎	乙 右劈捶
11. 甲 提手上勢	乙 搬手擊捶
12. 甲 搬手橫挒	乙 換步左分鬃
13. 甲 右伏虎	乙 轉身大捋
14. 甲 上步左靠	乙 繞步雙按
15. 甲 雙分蹬腳	乙 換步指襠捶
16. 甲 採手橫挒	乙 換步右穿梭
17. 甲 左採右劈捶	乙 白鶴亮翅
18. 甲 上步左靠	乙 退步撅臂

第二段（19～38動）

19. 甲 轉身按	乙 雙峰貫耳
20. 甲 換步雙按	乙 化打右捶
21. 甲 左推	乙 撅臂
22. 甲 左推肘	乙 右撇身捶
23. 甲 化按	乙 化打右肘
24. 甲 採手橫挒	乙 換步撅臂
25. 甲 右伏虎	乙 轉身大捋
26. 甲 上步左靠	乙 回擠
27. 甲 換步掖掌	乙 轉身頂肘
28. 甲 托肘撅臂	乙 化打右劈捶
29. 甲 抓腕轉身	乙 上步轉身
30. 甲 右貫拳	乙 左劈掌
31. 甲 掤格劈掌	乙 弓步雙架
32. 甲 拆手踢腳	乙 退步拍腳
33. 甲 雙分箭彈	乙 跳翻身砸腳

34. 甲 弓步沖拳　　　　　乙 右架推掌

35. 甲 後坐右将　　　　　乙 下勢穿掌

36. 甲 退步栽捶　　　　　乙 叉步側打

37. 甲 叉步格擋、雙格擋　乙 轉身右點腿

38. 甲 翻身提膝亮掌　　　乙 翻身歇步按掌

第三段（39～54動）

39. 甲乙 雙震腳

40. 甲乙 右蹬腳推掌

41. 甲乙 跳叉步推掌

42. 甲乙 回身雙頂肘

43. 甲乙 叉步亮掌

44. 甲乙 擺掌行圓

45. 甲乙 反掌行圓

46. 甲 左攔右劈掌　　　　乙 左攔右沖拳

47. 甲 換步沖拳　　　　　乙 搬手橫捌

48. 甲 換步左掤　　　　　乙 退步右攔

49. 甲 上步右掤　　　　　乙 退步左攔

50. 甲 右掤打　　　　　　乙 後跳步白蛇吐信

51. 甲 高探馬　　　　　　乙 右踩腿

52. 甲 轉身右劈掌　　　　乙 右弓步前擠

53. 甲 退連環步四正手　　乙 進連環步四正手

54. 甲 進連環步四正手　　乙 退連環步四正手

第四段（55～70動）

55. 甲 退大将　　　　　　乙 進大将

56. 甲 進大将		乙 退大将
57. 甲 仰身閃化		乙 弓步貫拳
58. 甲 右採左伏虎		乙 右化劈捶
59. 甲 退步右撲掌（倒捲肱）		乙 右雲手
60. 甲 退步左撲掌（倒捲肱）		乙 左雲手
61. 甲 高探馬		乙 上步七星
62. 甲 海底針		乙 閃通臂
63. 甲 手揮琵琶		乙 彎弓射虎
64. 甲 虛步單鞭		乙 肘底捶
65. 甲 十字手		乙 如封似閉
66. 甲 上步雙按		乙 退步雙托
67. 甲 雙分踩腿		乙 雙托左踹
68. 甲 轉身擺蓮		乙 轉身騰空擺蓮
69. 甲 彎弓射虎		乙 獨立打虎
70. 甲乙收勢		

第二節　套路圖例符號注解

　　本書在繪畫圖解方面，採用動作立體線路和平面步法線路相結合的辦法，即手部與腳部動作採用立體線路，而步法路線則採用俯視的方法，用甲、乙的腳印來表述，這樣有助於讀者對動作產生空間的立體概念，弄清甲、乙如何移動的準確角度與定位，便於掌握套路。

具體圖例及符號註釋如下：

註 釋 名 稱	圖解符號	
	甲	乙
踏 實 腳		
懸 空 腳		
前腳掌著地及力達腳面		
後腳跟著地及力達腳跟		
右手、右腳運行路線		
左手、左腳運行路線		

第三節　新編太極拳對練動作圖解

抱拳禮

　　甲、乙橫向相距一大步（約 70～80 公分），同時面向前方行「抱拳禮」。兩腳併立，上體正直，微收下頜；右手握拳，舉於胸前；左手成掌，拇指屈扣，舉於胸前，掌心輕貼右拳，兩臂成弧形，略低於肩，距胸約 20～30 公分；沉肩垂肘，目視前方。（圖1、圖2）

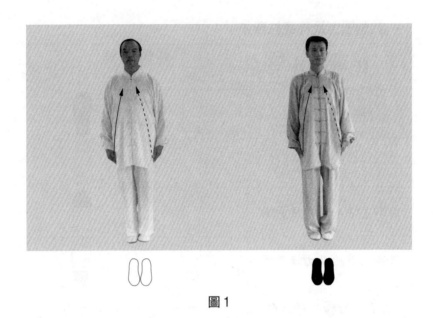

圖 1

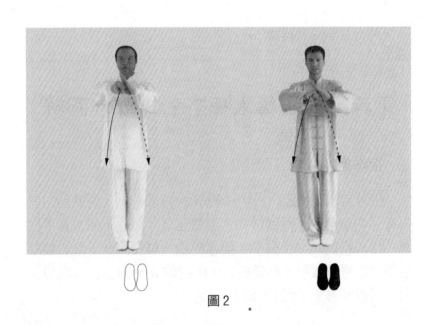

圖 2

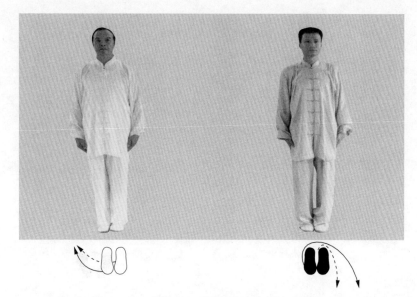

圖 3

預備勢

甲、乙同時右拳變掌，落貼於右大腿外側，左掌落貼於
左大腿外側；兩腳併立；目視前方。（圖3）

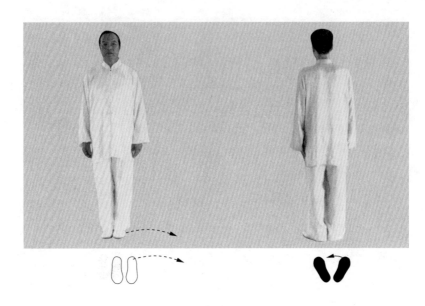

圖4

　　甲向右斜後方後退一步，先右後左，仍成併立姿勢。乙
以左腳掌為軸，右後轉體 180°後退步，先右後左，兩腳跟靠
攏成立正姿勢，腳尖外撇成八字；同時右拳變掌，落貼於大
腿外側，左掌落貼於左大腿外側；目視前方。（圖4）

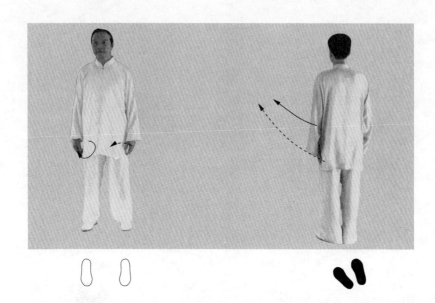

圖 5

第一段（1～18動）

1.甲、乙起勢

甲重心移向右腿，左腳向左側開立，先前腳掌落地再過渡到全腳掌，兩腳距離同肩寬，重心落於兩腿中間。

乙重心移向左腿，右腳尖離地，以腳跟為軸，向內扣轉約45°並落實，同時，身體微向左轉，胸向左前方。（圖5）

【要點】

甲、乙均要頭頸正直，微收下頜，排除雜念，凝神靜氣。開腳或轉腳均須輕靈、平穩。

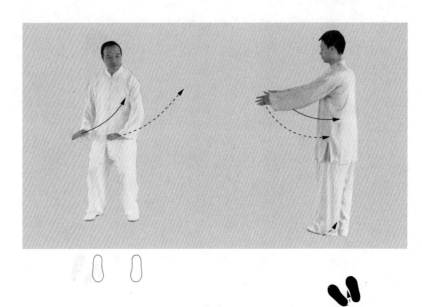

圖6

2.甲右金剛搗碓　乙攬扎衣

①甲兩腿半蹲，重心略移向右腿；同時，兩手在腹前畫一小圈，右掌按至右胯旁，左掌按至腹前。

乙兩臂自下而上向前慢慢舉起，兩肘微屈，兩掌指尖朝前，兩手高度略低於肩，並與肩同寬，掌心相對；目視前方。（圖6）

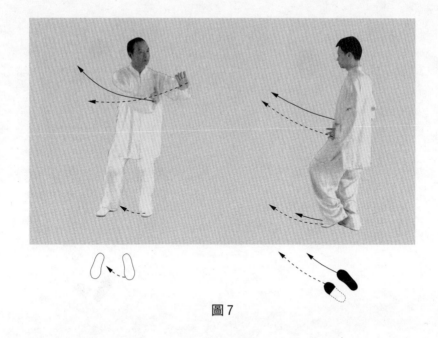

圖 7

②甲重心略移向左腿；同時，兩手向左斜上方畫弧，左
臂內旋微屈，左掌心斜向外，略低於肩；右臂外旋微屈，右
掌心斜向外，置於左胸前；眼隨手而動，視左斜前方。

乙兩腿半蹲，重心偏於右腿，左腳跟提起，前腳掌點
地；同時，兩臂微屈下落，屈肘兩手收至腰側，掌心相對，
指尖斜朝下；目視前下方。（圖 7）

圖 8

③甲重心下沉，同時略加速右轉，右腳以腳跟為軸，腳尖外擺約 90°；隨即左腿彎曲，左腳提起，置於右腿內側；同時，兩臂畫弧置於右側方，右臂微屈內旋，舉於右側方，掌心斜向右，腕同肩高；左臂彎曲外旋，舉於右側方，掌心斜向後，掌同胸高；眼隨後而動，視右側方。

乙左腳向前上步，腳跟先落地，過渡到全腳掌，繼而踏實；右腳向前跟步，前腳掌著地，落於左踝內側約 10 公分處；同時，兩手自腰間向前、向上伸出，指尖朝前，兩臂微屈，兩掌掌心相對，與肩同高、同寬；目從兩手中間前視。（圖 8）

圖9

④甲左腳以腳跟內側貼地向左前方鏟出；同時，兩手順勢向右後方平推；眼轉向前下方。

乙重心略右移，內扣左腳，再重心左移至左腿，右腳前掌為軸碾轉並腳跟提起；隨即身體向右後方轉動，帶動兩臂外旋，平行右擺，右臂微屈，掌心朝上；左臂屈曲內旋，掌心朝下，附於右前臂內側；眼隨右手而動，視右側後方。（圖9）

⑤甲重心左移，左腳踏實，左腿彎曲；同時，上體微左轉；左臂內旋向前，屈肘橫於左胸前，左臂畫弧向前，左掌置於腹前，掌心斜向下；右臂隨之下落，右掌按於右側下

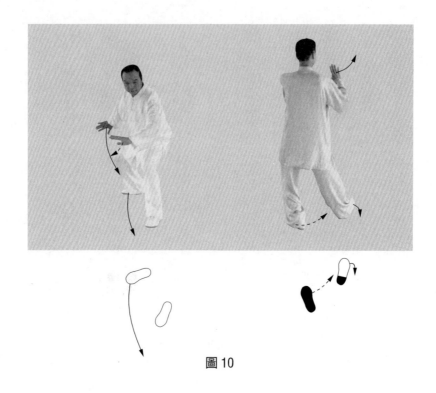

圖10

方，掌心斜向後；眼隨左手而動，視前下方。

　　乙上體左轉，右腳向右斜前方（約45°）上步，腳跟落地；右臂屈曲，向右後畫一半圓，右手以拇指根節外掛（掌心朝上，以腕關節為軸），至右肩前約10公分處，腕與肩同高，掌心斜向左；左手斜向上，仍附於右前臂內側，並隨右手轉動；眼隨右手而動，視右斜前方。（圖10）

　　⑥甲重心移至左腿，右腳向前上一大步，前腳掌著地成右虛步；同時，右臂外旋，向前下方撩出，至右腹前，掌心斜向前；左臂外旋回收，掌心斜向內，掌小指側輕貼於右前臂內側；目視前下方。

圖11

乙右腳全腳掌著地並踏實，重心前移並屈膝；左腳跟步，移至右腳後側約 10 公分處，前腳掌著地；同時，右掌向右前方推出，掌心向前，腕與肩同高，左掌隨之前推，掌心斜向下，附於右手腕後方；眼隨右手而動，視右斜前方。（圖11）

【要點】

①甲的「右金剛搗碓」與陳式競賽套路的「右金剛搗碓」大體相同。要求手部動作用螺旋勁，並注重纏繞與折疊，均體現腰身勁，蓄發互變，快慢相間。

②乙的「攬扎衣」與孫武競賽套路的「攬扎衣」大體相同。要求進步必跟，腰帶四肢，輕靈、順遂，虛實分明。

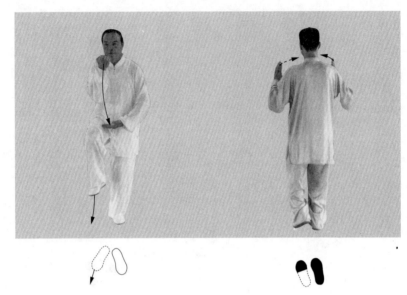

圖12

3.甲右金剛搗碓（陳式）　乙開合手（孫式）

①甲右腿屈曲，右腳提起，腳尖微上翹；同時，右掌變拳，屈臂舉於身前，與下頜同高，拳面向上；左手掌下落至小腹前，掌心向上；眼隨右手而動。

乙左腳跟下落，右腳尖稍內扣，腳趾尖朝前，身體轉向正前方；同時，兩掌掌心相對，向左右分開，兩虎口與兩肩相對，指尖朝上，此為開手；目視前方。（圖12）

②甲右腳向下震砸，全腳掌著地，兩腳間距略窄於肩寬；同時，右拳下落，砸擊左掌心，右拳背與左掌心相貼，可砸出響聲；目視前下方。

乙重心略移右腿，左腳跟略提起；同時，兩掌掌心相

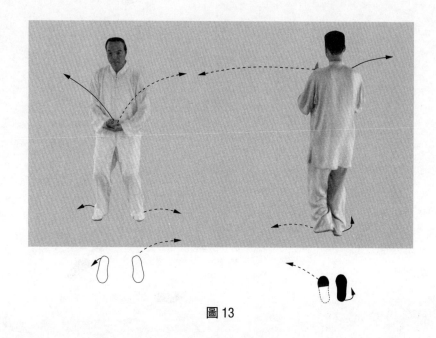

圖 13

對，向內相合，兩掌相距約與頭同寬，指尖朝上，此為合手；目視前方。（圖13）

【要點】

①甲做「金剛搗捶」時，全身鬆沉，向下發勁震砸，可砸出響聲。要上下相隨，協調配合，同時提腳時吸氣，震腳時呼氣。

②乙做開手、合手，動作要輕巧，上體須正直。動作開時吸氣，合時呼氣。

4.左單鞭（甲、乙同）

甲重心移向右腿，同時上體左轉，左腳向前上步成左弓步；同時，右拳變掌，向右斜後方畫弧分開，掌心朝右斜後

圖 14

方，腕同肩高；左掌向前畫弧分開，掌心朝前，腕同肩高；
眼隨左手而動，視正前方。

乙上體左轉，左腳向前上步成左弓步；同時，兩掌畫弧
分開，右掌掌心朝右斜後方，腕同肩高；左掌掌心朝前，腕
同肩高；眼隨左手而動，視正前方。（圖 14）

【要點】

①移重心與左轉體、上左步與分掌、成弓步與落掌、轉
頭均須協調一致。成弓步時右腳以腳掌為軸，腳跟向外碾
轉，以蹬上勁。

②左單鞭定勢時，左手與左腳、左肘與左膝、左肩與左
胯須三尖對照，此為外三合。

圖 15

5.甲上步右沖捶　乙撤步右提手

①甲左腳尖翹起，重心後移，右腿屈膝；右掌變拳，從右後向前畫弧收抱於右腰側，拳心朝上；目視乙方。

乙重心略後移，左腳向斜後方撤一步，左腿彎曲，重心左移，右腿微屈；同時，左掌由前向下畫弧停於左斜後方；右掌由後向前下畫弧，停於身前，與胸同高；眼隨右手而動。（圖15）

圖 16

②甲左腳尖外撇，上體左轉，右腳向前方上一大步，成
右弓步；同時，右拳從右腰側內旋向前沖出，與乙左肋位置
同高，拳眼朝上；左掌由前經上向左斜後方畫弧，停於左後
上方，掌心斜向後，腕同肩高；目視乙方面部。

乙在甲右拳將至時，右腳向左前方上步，落於甲右腳前
方，以前腳掌點地；同時，右掌由後向下、向前抄於甲右拳
外側，以右掌背貼附於甲右腕部外側，並向右上方微微提
起；目視甲方面部。（圖 16）

【要點】

甲方上右步沖拳，意在擊打乙方左肋，動作要穩健柔
和。乙方撤步提手旨在向左閃開以化之，均要體現出攻防意

圖 17

識。

6.甲進步抄手沖捶　乙搬手沖捶

①甲左腳向前跟進半步，兩腳相距約 10 公分；同時，左手從左後向前外旋畫弧，向乙右腕內側抄起；隨即左臂內旋，左掌心斜向下，用小指一側攔住乙右手；眼通過手視乙方胸部。

乙基本不動，靜觀其變。（圖 17）

圖 18

②甲重心後移，右腳提起，腳尖自然下垂；同時，左掌向左上方攔開乙右腕；右臂屈肘，右拳收抱於右腰側，拳眼朝上；上體略前俯；目視乙胸。

乙基本不動，靜觀其變。（圖 18）

③甲右腳向前進一大步，落於乙右腳內側，成右弓步；同時，上體左轉，左手繼續左攔；右拳自腰側向乙胸部沖出，力達拳面；眼隨右拳。

乙在甲拳將擊到時，含胸拔背，微向右轉腰；同時，左手經胸前向左畫弧搬開甲右拳；眼隨左手。（圖 19、圖 20）

圖 19

圖 20

圖 21

④乙右腳提起，腳尖自然下垂；同時，左手繼續向左側上方搬撥甲之右拳；右拳收抱於右腰側，拳眼向上；目視甲胸。

甲基本不動，靜觀其變。（圖 21）

⑤乙右腳向前上一大步，落於甲右腳內側，成右弓步；同時，上體左轉，右拳從腰側向甲胸部沖出，力達拳面；眼隨右拳。

圖 22

　　甲重心後移，左腿彎曲，右腿微屈，含胸拔背以化之。
（圖 22）

　　【要點】

　　①攻防動作均勿生硬，應柔和，體現柔中存剛，以柔克
剛。一攻一防要明確、清晰。

　　②甲、乙後坐時不可凸臀，「攔」或「搬」均要「住不
丟，做到飽滿圓撐。

圖 23

7.甲換步左靠　乙右伏虎

①甲在乙右拳將擊到胸時，含胸拔背，向右轉腰化開乙拳，右腳後撤一步落至左腳前，腳尖外撇，全腳掌著地；同時，左掌拇指張開向側托拿乙的右肘，右手脫開乙的左手，向右側後方畫弧，停於右側上方；眼隨左手。

乙左掌向左側撐開。（圖 23）

圖 24

②甲繼上式不停。隨即左腳向前上一步成馬步，落於乙右腳外側後方；同時，用左肩靠擊乙右腋部，右臂順勢擺向右後上方；眼視乙面部。

乙順勢左轉；左掌撐於左側後方。（圖24）

圖 25

③乙在甲將靠到身時，重心後坐，上體右轉，左腿彎
曲，右腿微屈，腳尖翹起，以化脫甲靠打之勁路；同時，左
臂屈肘，向前下畫弧，拇指張開拿住甲之左肘，並向左下
採；右臂屈肘抽脫，右拳收於左前臂內側，拳心斜朝上。

甲重心略前移，右臂微向前並內旋。（圖 25）

④乙繼上式不停。右腳提起，繞落於甲的左腳後方，右
腿屈膝，左腿伸直成右弓步；同時，上體右轉後再微左轉；
右拳回收，經右腰側右臂內旋，右拳向後、向右、向前畫
弧，屈肘擊打甲之後腦，拳心朝下。眼視甲頭部。

圖 26

甲重心後移並微左轉，以閃躲之。（圖26）

【要點】

①甲、乙雙方都要打出先防守後反擊的意識，防中有攻，攻中有防，攻防巧妙、意趣橫生的韻味要體現出來。首先，甲含化閃避乙之來拳，隨即反攻靠擊乙肩；然後，乙先含化脫開再貫耳攻甲。

②甲換步與托肘、馬步與靠打須協調配合；乙後坐、含胸與拿肘，弓步、貫耳與轉腰均須協調一致。

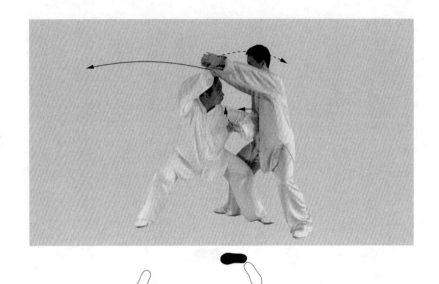

圖 27

8.甲左頂肘　乙右推肘

①甲在乙右拳將擊到後腦時，右手從右側後方向下、向前經腹前向上抄至乙左腕內側，隨即右臂內旋，抓拿住乙之左腕，向右上方採領；同時，重心降落，左臂換脫乙之左手，左掌變拳，在身前屈肘，拳心朝下，以左肘尖頂擊乙之心窩（胸部中下部）；兩腿屈膝成馬步；眼視乙之胸部。

乙在甲左肘將觸及心窩時，含胸拔背；同時，右拳變掌，右臂外旋下落，虎口朝前，托住甲左肘後部。（圖27）

圖 28

②乙重心後移，左腿屈膝；同時，右手握甲左肘後部，隨腰部左轉向左前方推出；左手向左後方畫弧，屈臂橫掌停於左側上方，掌心朝外，腕同肩高；眼視右手前推方向。

甲左肘下沉，右臂畫弧停於右側後方，右掌掌心斜朝下，腕略同肩高；眼視乙面部。（圖 28）

【要點】

①甲方頂肘時，右手採領、左臂頂肘與兩腿下蹲成馬步須協調同步。

②乙方後坐與含胸、推肘與轉腰均須協調一致。

圖29

9.甲左撇身捶　乙右靠

甲趁乙推肘之勢，上身右轉以化脫乙推肘之勁力，隨即上體微直起，以身帶腰向左翻轉，左腿屈膝，右腿伸直；同時，左拳以拳背為力點，反臂向乙左面部劈擊，拳心朝上；右臂須順勢移至右斜後方，掌心斜朝外；目視乙面部。

乙在甲左拳將劈來之時，右腳迅即向前進步，移至甲左腿後側，重心移向右腿，左腿向左後方退半步成右弓步；同時，上體左轉，右手上托甲之左肘，使甲拳擊空，隨即以右肩靠擊甲左腋外側；目視甲面部。（圖29）

【要點】

①這是典型的防中有攻的動作。當甲「撇身捶」左拳反劈來之時，乙邊推肘防守、邊轉身靠擊進攻，一個動作含有攻防兩層含義。

②甲反劈拳要以左肘關節為軸，反劈力達拳背，動作軌跡走一弧形；劈捶須與屈腿、轉體協同一致。

③乙靠擊時須以右肩為力點，運用腰胯之力體現靠勁，托肘、進步、弓腿與轉腰須協調配合。

10. 甲左伏虎 乙右劈捶

①甲在乙將靠到時，重心後移，含胸、坐胯、沉肩，向左轉腰，左腿提起繞於乙的右腿後方，踏實成左弓步；同時，右手向前畫弧，抓住乙之右上臂，並向右下方採領；左臂內旋，沉肘解脫，抽回左拳，由胸前下落，邊內旋邊向下、向左上畫弧，以拳面擊打乙頭部右側；目隨左拳而動，視乙之頭部。

乙在甲左拳將貫擊到頭時，重心後移，右腳尖翹起成右虛步；上體微右轉，隨即右腳踩實，右腿屈膝；同時，左手自左側方邊外旋邊向下、向前畫弧，經自己右前臂下穿於甲右腕內側；目視甲之頭部。（圖30、圖31）

②乙繼上勢不停。左手翻腕抓握甲之右腕，向左下撥開甲之右臂，隨即重心後移，右腳尖翹起成右虛步；同時，上體右轉，右臂屈肘，右拳向右上畫弧，以攔掛開甲之左拳；目視右拳而動。

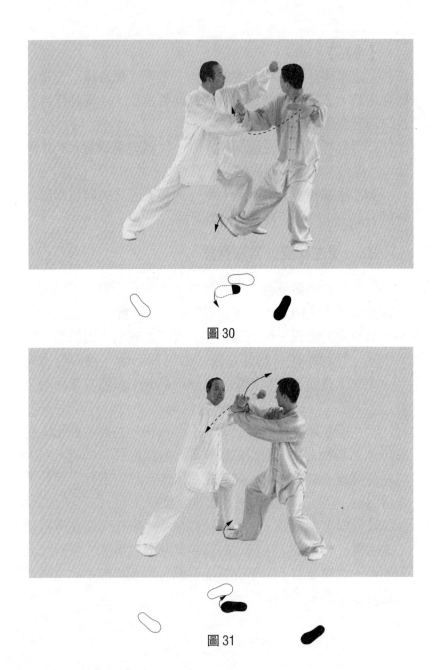

圖 30

圖 31

圖 32

甲右臂隨之下落，按住乙左腕；頭向左轉，靜觀其變。
（圖 32）

③乙繼上勢不停。重心前移，右腿踏實前弓，左腿伸直
成右弓步；同時，向左轉腰，右臂外旋，向前畫弧，以拳背
劈擊甲之面部；眼隨右拳而動，視甲之面部。

甲在乙右拳掛劈將到面部時，重心後移，上體後仰；左
拳變掌，以掌心沾貼住乙的右肘部，以閃化之；眼視乙的右
拳。（圖 33）

圖 33

【要點】

①甲在做伏虎左貫拳時，採手與抽拳、轉腰，提腿、弓腿與貫擊均要協同一致。兩臂須圓撐，採手與貫耳要有對拉拔長之意。

②乙在做右攔掛與左劈捶時，均要體現腰為中軸，帶動四肢，並與左手外掤勁協調一致。

11. 甲提手上勢　乙搬手擊捶

①甲繼上勢不停。左腳向左後側撤退一步，重心左移，右腳經左腳內側畫弧向前進步，腳跟著地，腳尖翹起成右虛步；同時，左掌掌心沾貼住乙的右肘向右推之，使之右拳劈

圖34

斜而落空；右臂以肘關節為軸，邊內旋邊向裡、向下畫弧，經腹、胸部邊外旋邊從自己左前臂內側向前上畫弧，用右掌外側劈擊乙之面部，掌指斜朝上；左掌仍沾貼乙之右肘；眼隨右手而動，視乙的面部。

　　乙在甲右掌將劈到面部時，重心略後移；同時，右拳變掌，邊內旋回收邊化掤甲之腕部後方，左掌扶按甲之右上臂；眼隨右手而動。（圖34）

　　②乙繼上勢不停。重心後移，含胸，右腿屈膝提起；同時，上體略右轉，右臂以肘關節為軸，邊外旋邊從自己左前臂內側向內、向下、向前畫弧；右掌變拳，向前下搬壓甲之右前臂；左手仍扶按甲之右上臂；眼隨右手而動。

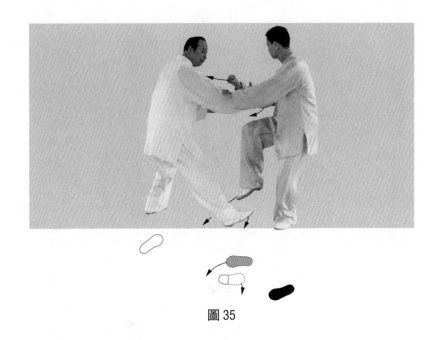

圖 35

甲上體順勢略前俯；右臂隨之下落；左手略回收，停於自己右前臂內側，掌心斜向下；眼通過右臂視乙面部。（圖35、圖35附圖）

③乙繼上勢不停。右腳落於甲右腳內側，重心略前移，右腿屈膝；同時，左掌向左側按撥甲的右前臂；右拳向前沖擊甲之胸部，拳心向上，力達拳面；眼隨右拳前視。

甲重心略後移，右腳前腳掌落地並略回收；左掌在乙右拳將擊到胸時，由內向外撥按於乙手右腕內側以防之；眼視乙兩臂之間。（圖36）

圖 35 附圖

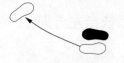

圖 36

圖37

【要點】

①甲從「左伏虎」接「提手上勢」，要充分運用身法，先仰閃再略俯。換步要穩健、靈活。手法要沾掤結合，提手、劈掌與上步應協調一致。

②乙先搬攔後擊打捶，動作要連貫，引化甲之劈掌。含胸、沉肩與折疊壓腕須協調同步。搬擊拳與重心略下沉，成半馬步須協調同步。

12.甲搬手橫挒　乙換步左分鬃

①甲繼上勢不停。上體略前俯，含胸，右腿彎曲提起，向前進一大步，落至乙右腿後方，重心前移成右弓步；同

圖 38

時，左手抓握乙之右腕向左後搬撥；右手抓握乙之左腕向左前方，以右臂橫」乙的胸、頸部；眼視乙的面部。

乙向後閃身以避鋒芒；眼視甲的面部。（圖 37、圖 38）

②乙繼上勢不停。在甲橫捌其胸、頸部時，邊閃身邊向右轉腰，右腳後撤一大步至左腳右側後方，隨即提起左腳；同時，右臂內旋，右手解脫甲抓握後，經下向右後方畫弧掤捋甲之右前臂；左臂外旋，左手解脫甲抓握後，經左腰側向右畫弧停於右胸前，掌心斜向上；眼視右前下方。

甲順勢重心略前移，左臂伸開微內旋，停於左側後方，掌心斜向下；眼視左前下方。（圖 39、圖 40）

圖 39

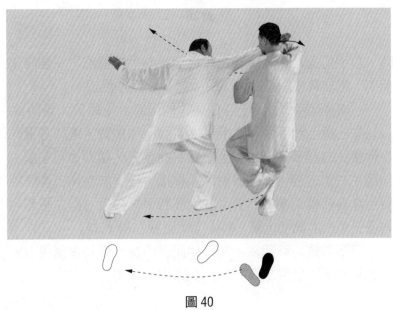

圖 40

圖 41

③乙繼上勢不停。左腳向前進一大步，落於甲右腿後側，左腿屈膝成左弓步；同時，右手向右下方採甲之右臂停於右肩側；左手掌心向上，穿向甲右腋下，以肩與上臂向左側方掤靠甲之右胸部，掌心斜向上；眼隨左手而動，視甲面部。

甲在乙掤靠時，向後閃身，以泄其靠勁；眼視乙面部。（圖41）

【要點】

①甲在橫挒時須充分運用左手「採」、右手「挒」的對拉拔長勁，同時左轉腰用好腰腿勁。

②乙做「換步左分鬃」時，要充分體現俯仰閃翻的身法，右手採與左分靠也要形成相反相成的合力，並左轉腰、

圖42

右腳略蹬，以增大捌靠勁。

13. 甲右伏虎 乙轉身大将

①甲在右採左掤靠將要完成時，邊向後閃身邊左手經胸部向前採拿乙之左腕，向下採按於腹前；同時，重心移向左腿，微向右轉腰，提起右腳，繞過乙的左腿，落於乙左腿外側，踏實成右弓步；隨即上體微左轉，右掌內旋，解脫抽回，變拳，經右腰側向前上方畫弧，貫擊乙的頭部，力達拳面；眼隨右手而動，視乙的頭部。

圖 43

　　乙在甲右拳將擊到頭部時，重心右移並略下沉，鬆胯，
左腳提起，經自己右腿內側畫弧，向右前方邁出，腳尖外
撇；同時，右手向左前畫弧，左掌亮舉於頭右上方，掌心向
外，腕略比肩高。（圖42、圖43）

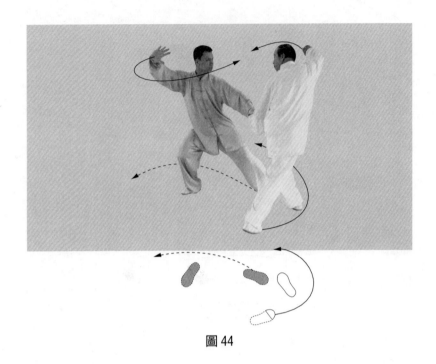

圖44

②乙繼上勢不停。右腳向左前方繞弧形上一大步，腳尖
裡扣；同時，向左轉體；左手順勢向左側牽拉甲之左臂，右
掌仍舉於頭右上方；目視甲面部。

甲順勢連隨，左腳經自己右腳內側向前上一大步，左腿
屈膝，腳尖外撇，右腿微屈，腳後跟微提起；同時，上體向
左擰身；右拳仍舉於頭右上方；目視乙面部。（圖44）

圖 45

③乙繼上勢不停。向左後轉身，左腳向左後方撒一大
步，隨即重心移向左腿，右腳尖翹起成右虛步；同時，左手
翻腕，向左下方採拿甲之左腕；右臂外旋，隨下挒勢屈肘壓
挒甲之左肘，形成反關節擒拿；眼隨右臂而動，視甲肩、臂
部。

甲繼上勢不停。右腳經自己左腿內側向左前方繞弧形上
一大步；同時向左轉身，隨即左腳上一大步，落於乙右腿內
側，上體略前俯以隨乙之採挒；目視乙胸部。（圖 45、圖
46）

圖46

【要點】

①自乙「換步分鬃」至「轉身大捋」，恰是甲、乙圍繞中心各旋轉180°，相互調換方位，步法均要走弧形擺扣，柔和連貫。

②甲抽右掌時，須與後坐、轉腰、含胸、鬆胯、裹肘等配合協調，左採與右貫拳須有對拉拔長之意念。

③乙做「轉身大捋」時，要有防中帶攻的意識，以「走」防閃開甲之伏虎，隨即順勢採捋以反關節欲制伏甲。乙的後撤步採捋與甲的轉身上步連隨須協調一致。

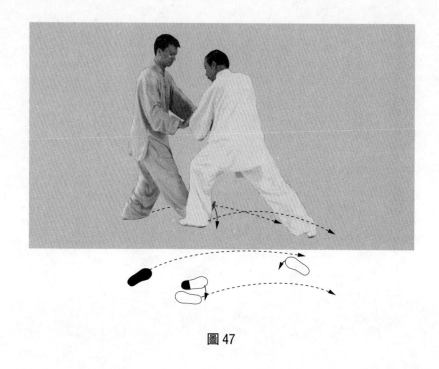

圖47

14. 甲上步左靠　乙繞步雙按

①甲在乙向左後方採挒時，邊進左腳插進乙襠部、邊重心前移，右腿伸直成左弓步；同時，上體略前俯；右拳變掌，隨按於左上臂內側，進身以左臂擠靠乙之胸、腹部。

乙在甲將擠靠到身體時，含胸拔背，重心後移，順勢向左轉腰，以化空甲之靠勁；隨即右腿繞過甲的左腿，右腳在甲左腿內側向左前方上步，腳後跟著地；同時，兩臂內旋，兩掌附按於甲的左右前臂；眼隨兩掌而動，視甲胸部。（圖47）

圖48

②乙繼上勢不停。左腳經自己右腿內側向前上一大步，重心前移，右腿伸直成左弓步；同時，兩掌附按甲兩前臂向前推按；眼視甲胸部。

甲在乙向前雙按時，左腳後退一大步，重心後移於左腿；同時，含胸以化解乙之按勢。兩臂彎曲相疊（左臂在前，右臂在後）於胸前，掤住乙之按勁。（圖48）

【要點】

①甲在做擠靠動作時，須與步法緊密配合，擠靠勿單靠兩臂，而要用上腰腿勁，形成整勁和合力。

②乙繞步要輕靈穩健，按時沉肩墜肘，並與弓腿、鬆胯協調一致。

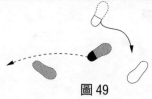

圖 49

15. 甲雙分蹬腳 乙換步指襠捶

①甲繼上勢不停。重心全移於左腿並伸直，右腿提起由屈到伸，以腳跟蹬擊乙之小腹，力達腳跟；同時，兩手以肘關節為軸，沾貼住乙的兩手腕內，由內向外、向兩側抄撥；眼視乙腹部。

乙在甲右腳將蹬到腹部時，重心後坐，右腿屈膝，左腳腳尖翹起成左虛步；同時，含胸、收腹，使甲之蹬腳落空；眼隨視甲胸部。（圖 49）

圖 50

　　②乙繼上勢不停。左腳後退，落於自己右腳後側，腳尖外撇，上體微向右轉；同時，左臂內旋，左手翻腕，附貼甲右腕內側，向左下摟撥；右掌變拳，畫弧回收於右腰側，拳心朝上；眼視甲胸部。

　　甲右腿屈膝，收於體前，腳尖自然下垂；左掌向左側分舉，與胸同高，掌心斜向外；上體微前俯；眼視乙胸部。（圖 50）

圖 51

③乙繼上勢不停。右腳向前方進半步，右腿屈膝，左腿伸直成右弓步；同時，左掌向左側繼續摟撥甲右臂；右拳邊內旋邊緩緩向甲小腹部沖出，拳眼朝上成立拳；眼隨右拳而動，視甲的腹部。

甲右腳微下落，上體微右轉以閃之。（圖51）

【要點】

①甲退步隨即分掌、蹬腳須協調完整。提腳時要收胯。蹬腳時左腿可微屈支撐。

②乙換步時重心移換須平穩，勿上下起伏。摟撥、沖拳與弓腿須協調同步。沖拳力達拳面。

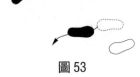

圖 53

16. 甲採手橫挒　乙換步右穿梭

①甲繼上勢不停。當乙拳將擊到腹部時，上體微右轉閃之，再左轉，上體略前俯，右腳繞過乙右腿落於乙左腿後側，右腿半彎曲，左腿微屈；同時，左手向前採拿乙的右肘上方，右手採拿乙之右腕，向右下方採捋，隨即右手鬆開乙腕，邊內旋邊右臂順乙之右臂向左上橫提，挒乙的胸部；眼隨右臂而動，視乙面部。

圖 53

　　乙在甲採手橫挒將到時，柔緩地向後閃身以隨之；同時，左臂側分於頭的左上方，以維持平衡；眼視甲面部。（圖 52、圖 53）

圖 54

②乙繼上勢不停。邊向後閃身邊重心後移，邊右後轉身
邊右腿退一大步，腳尖外撇；同時，右拳變掌，右臂沾貼甲
的右臂下方，邊滾動邊外旋，至右前臂掤架住甲之右前臂，
掌心斜朝上；左掌邊外旋邊收回於左胸前，掌心斜朝下；眼
隨右臂而動，視甲面部。

甲上體隨直起；右臂隨乙掤架伸直舉於身前上方；左臂
舉於左側後方，左手略低於肩，掌心斜向後方；右腿屈膝成
右弓步。（圖 54）

③乙繼上勢不停。上體右轉；左臂畫弧向前上方，邊滾
動邊內旋掤架甲右前臂，架於頭左側上方；同時，上左腳落

圖 55

於甲右腳外側，左腿屈膝，右腿伸直成左弓步，上體隨之左轉；右掌自右腰側向前推按甲胸部；眼視甲胸部。

甲當乙右拳將推擊至胸時，重心略後移，左腳微屈；同時，含胸收腹以化之。（圖 55、圖 56）

【要點】

①甲做橫捌動作時，左手除斜下採勁外，須加上外推的力量，以防乙右肩靠右肘打；橫捌須配合腰腿的力量。

②乙做「換步右穿梭」時，一要充分體現腰為中軸、腰帶兩臂動作；二要兩臂依次滾動捌架，體現沾黏連隨，不可丟頂。

圖56

17.　甲左採右劈捶　乙白鶴亮翅

①甲繼上勢不停。重心後移，左腿屈膝，右腿微屈；邊含胸收腹邊左手從左側後向前抓握乙右腕向自己胸部採按；上體微右轉，以反關節擒拿乙右腕；隨即重心前移，上體略前俯，右腿屈膝，左腿伸直成右弓步；同時，右掌變拳，繞過乙左前臂，以右拳背向前下方劈擊乙的面部；眼隨右手而動，視乙面部。

乙當甲右拳下劈時，左臂內旋，左手從外向內附貼甲右腕處，由前向後畫弧撥壓甲之右腕；同時，上體充分後仰，以閃防之。（圖57、圖58）

圖 57

圖 58

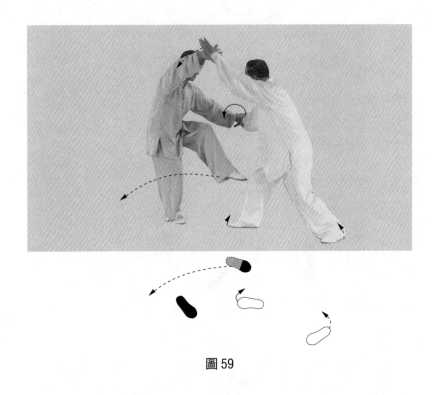

圖 59

　②乙繼上勢不停。重心後移，兩腿彎曲，上身後仰，邊含胸收腹，邊左手臂內旋，向前下、向左側畫弧外撥甲之右臂；右臂內旋，右手由內向外、向上掤架甲之左臂，微屈臂，右手比頭略高，掌心斜向外；同時，左腿回收，左腳提起，以腳尖點踢甲的右膝部；眼視甲之下半身。

　　甲在乙左腳將踢至膝部時，重心後移，略含胸拔背以閃化之；同時，兩臂隨乙外掤而向兩側分舉；眼視乙上半身。（圖 59、圖 59 附圖）

圖 59 附圖

【要點】

①甲左手採按須與上體俯轉同步，形成反關節壓腕擒拿。右劈捶與沉肩、墜肘、弓腿均須協調一致。

②乙踢腳須與兩手右上左下外掤、含胸收腹配合完整。兩臂要有對拉拔長之勁。搭手起腳還有助於維持平衡。

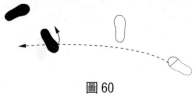

圖60

18. 甲上步左靠　乙退步撅臂

①甲在乙左腳將踢到膝部時，重心下沉，右腳尖外撇，左腳跟提起，上體右轉；同時，右掌以腕關節為軸。沾貼乙左腕，由外向內、再向外畫一小圈向外撥按，與腰部同高，掌心斜向外；左掌沾貼的右腕沿右前臂滑到近右肘處，微向內、向下摟按；眼視乙面部。

乙在甲右撥左按時，左腳向左後退一大步，右腳外展，上體略向右轉。眼視甲面部。（圖60）

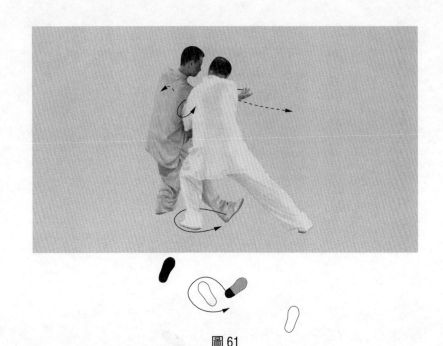

圖 61

　②甲繼上勢不停。左腳向前上一大步，落到乙右腿後
方，左腿屈膝，右腿伸直成左弓步；同時，上體略右轉；右
手採住乙之左腕；左掌背滑沾貼乙右肘處，左臂斜貼乙右臂
上方，以左肩和上臂靠擊乙右胸肋部；眼隨左臂前視。

　　乙當甲肩臂將靠到胸、肋時，坐胯並向右轉腰，重心移
至左腿，左腿屈膝，右腳尖翹起，右腿微屈成右虛步；同
時，右臂順勢前伸，含胸收腹以化解甲之靠勁；眼視前下
方。（圖61、圖61附圖）

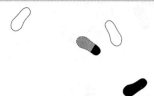

圖 61 附圖

③乙繼上勢不停。邊坐胯轉腰邊右腳提起，繞過甲的左腿，落於甲左腿後方，左腿屈膝，右腿伸直成左弓步；同時，左手內旋，掙脫開並翻腕抓甲之左腕，邊外旋邊擰邊後拉甲之左腕和前臂；右掌向右腰側收回並變拳，屈臂外旋，向前畫弧，以前臂外緣下壓甲之左肘上方，左手上提，右臂下壓，以擫甲之左臂；上體略前傾，以助下壓之力；眼視甲面部。

圖62

　　甲當左臂被撅壓時，重心下降並右移成馬步；同時，略屈肘外旋以化解之，右臂伸於身後，右掌心斜向後；眼視乙面部。（圖62）

　　【要點】

　　①甲做左靠時，須用腰、腿的力量傳遞到肩、臂，形成合力整勁。

　　②乙退步與含胸、轉腰、坐胯須協調一致。撅臂時須與沉肩、墜肘、上體略俯緊密結合。撅臂反關節要運用一提一壓、一上一下的槓桿原理。

圖63

第二段（19～38動）

19. 甲轉身按　乙雙峰貫耳

①甲在重心下降的同時，右手從身後畫弧，向前以右掌心貼附乙的左肘下方；隨即含胸，向左擰腰轉身；同時，右掌向左前上方推掀乙之左肘，左臂順勢彎曲，以帶動乙屈肘；眼視乙左肘方向。

乙當左肘被採掀時，重心被迫後移，並上體略側後仰；左臂略帶掤勁，右臂彎曲，右手握拳，右腕附貼於甲左前臂外側；眼視左前上方。（圖63）

②乙繼上勢不停。在被甲採掀時，邊上體側後仰，邊含

圖 64

胸、坐胯、向左轉腰；同時，肘內裹、左臂外旋以化解之；
同時，左前臂邊外旋邊壓撥甲之右前臂於左側方；右拳變
掌，邊外旋邊壓撥甲之左前臂於右側方，兩掌心均朝上；同
時，右腿屈膝，右腳提起；眼視兩手中間。

甲順勢右腳後移伸直，左腳前弓成左弓步；同時，兩臂
沾貼乙的兩前臂向兩側分開，掌心斜向上；眼視乙面部。
（圖 64）

③乙繼上勢不停。右腳向前進步，落於甲左腿內側，右
腿屈膝，左腿伸直成右弓步；同時，兩掌均變拳，邊內旋邊
向前上方畫弧，以兩拳夾擊甲的左右耳側，拳眼斜向下，與耳
同高，兩拳間距比甲頭部略寬；上體略前傾；眼視甲面部。

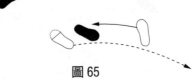

圖 65

　　甲在乙弓步雙貫拳時，鬆腰、坐胯，重心移至右腿，左
腿微屈，上體順勢後仰；同時，兩前臂均內旋，兩掌沾貼住
乙之兩前臂，由外向內、向上畫弧，以破解乙之雙擊；眼視
乙面部。（圖 65）

【要點】

　　①甲做「轉身按」須以腰為軸，擰腰轉身可一箭雙雕，
既破解乙之摟臂，又能乘勢推掀，這是典型的防中帶攻的動
作，整個動作須很好地體現身法，完整一氣。

　　②乙做「雙峰貫耳」時，也要動腰，擰腰帶含轉，先化
後發，化而後發，體現捨己從人。兩臂向兩側撥壓時，要「得
飽滿圓撐。兩拳貫擊時，要與弓腿、斂臀、略前俯協調一致。

圖 66

20. 甲換步雙按　乙化打右捶

①甲繼上勢不停。隨即左腳退一大步，右腳向前進半步，形成「換步」成半馬步；同時，含胸收腹，兩臂繼續內旋，兩掌沾貼乙之兩前臂，繼續向下、向前畫弧，以化按乙之雙拳，與胸部同高；眼隨兩掌而動，視前下方。

乙兩臂隨之順勢下落，兩肘彎曲；眼視前下方。（圖66）

②乙在甲換步按化時，隨勢鬆腰、坐胯，重心移向左腿，略下蹲，右腳尖略扣成半馬步；同時，左拳變掌，以腕關節為軸，由內向外翻腕，以掌根外緣沾貼甲之右腕，向左後方掤拉，掌心朝外，略低於肩；同時，右拳邊外旋邊向

圖67

前，擊打甲之胸部，拳眼朝上；眼視甲胸部。

甲右臂順勢前伸，左掌向右下方橫推按乙之右前臂；同時含胸、拔背；眼隨右側方。（圖67）

【要點】

①甲換步要平穩、輕靈。按化須配合含胸、拔背、沉肩、墜肘、鬆腰、斂臀。

②乙做沖右拳時，兩手須體現對拉拔長的勁，有相互抗爭的含蓄力，並與轉腰、豎項、下蹲動作協調一致。

21. 甲左推　乙撅臂

甲在含胸、拔背、坐胯的同時，左掌心沾貼乙的右前

圖 68

臂，向右下方橫推；眼隨視右側方。

乙在右臂被推時，趁勢微向左轉腰，左手向外並微向下推按；同時，右臂屈肘，向左抄於甲右臂外側近肘關節上方，以前臂內側向裡並微向上挑，拳心向內，與左手配合剪撅甲之右臂；眼隨右拳而動，視右拳拳心。（圖 68）

【要點】

甲在推乙前臂時，須含胸拔背，體現身法和防中帶攻。屈臂如弓。乙在兩臂配合剪撅時須體現合力，使甲臂反關節產生疼痛。

圖 69

22.　甲左推肘　乙右撇身捶

①甲在右臂被乙剪撅時,即用左掌滑向前,沾貼乙之右肘部,並向前按;同時,重心前移,右腿屈膝,左腿伸直成右弓步;上體隨之前傾;眼隨左手而動,視乙右臂。

乙在被甲推按時,重心移向左腿,右腿微伸直;同時,上體左側傾並微向左轉,順勢化解甲的推按;右臂略帶掤勁掤住甲左手不丟;眼視甲面部。（圖69、圖69附圖）

圖69附圖

②乙繼上勢不停。右拳順勢內旋下落，並從左臂內側由下向左經胸前再向上、向前畫弧，以肩、肘兩關節為軸掄臂，以右拳背為力點擊打甲之面部；同時，上體微右轉，重心右移，右腿屈膝，左腿伸直成右弓步；左手仍掤住甲右手不丟；眼視甲面部。

圖70

　甲當乙右拳劈擊來時，重心後移，兩腿均屈膝，上體後仰；同時，左手沿乙右臂滑移至腕部，並順勢沾貼，向後、向前下畫弧化按，停於面前，使乙劈擊落空；眼隨左手而動。（圖70）

【要點】

　①甲向前做「推按」時，右臂要略向後回抽，與左手前推動作相互配合。

　②乙做「撇身捶」時，順先後坐轉腰以化甲按勁，然後再右轉腰。弓腿、前劈與轉腰要協調一致，上體略前傾以隨之。一要體現以腰為軸，帶動四肢；二要體現先化後發、化而後發和防中帶攻的太極拳攻防特色。

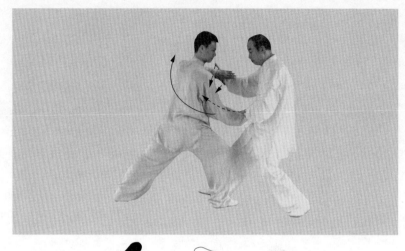

圖 71

23. 甲化按　乙化打右肘

①甲繼上勢不停。左手沾貼乙腕部，沿自己胸前繼續向前下方畫弧下按至腹前，略含胸、拔背，使乙劈擊落空；眼隨左手而動，視前下方。

乙右臂隨甲化按內旋下落，屈肘；同時，左掌沾貼甲之右腕向左側方掤撥；眼視前下方。（圖 71）

圖72

　　②乙繼上勢不停。重心前移，右腿屈膝，左腿伸直成右弓步；同時，右前臂內旋，屈肘，右肘關節向右、向上、向前畫一弧，上提後再以肘尖頂擊甲之胸部；左手仍拿撥甲之右腕；眼隨右肘而動，視甲之胸部。

　　甲在乙提肘時，右腿隨之屈膝，重心略前移；當乙肘尖向前頂擊時，重心後移至左腿；同時，右手以腕關節為軸，由內向外畫一小圈，脫開乙而反抓拿乙之右腕，左掌沾貼乙右肘向後下方按撥，以化解乙的頂擊；眼隨左掌而動，視前下方。（圖72、圖73）

圖73

【要點】

①甲在做「化按」時，重心要隨之順勢移換，再後坐，上體略後仰以配合之。左掌略帶掤勁沾按乙肘。

②乙在做「化打右肘」時，一要以腰帶肘，整個圓活、順遂；二是向前頂擊時須用上腰腿勁。頂擊與弓腿、前傾、左手拿按須協調一致。

24. 甲採手橫挒　乙換步撅臂

①甲繼上勢不停。隨即含胸、收腹，向右轉體；同時，左手拿住乙的右前臂，右手拿住乙的右腕，向右後方挒出；

圖74

隨即右腿屈膝提起，收於左腿內側，腳尖自然下垂；眼隨右下方。

乙順勢前傾；眼視前下方。（圖74、圖75）

②甲繼上勢不停。右腳落於乙右腿後方，重心前移，右腿彎曲，左腿微屈，上體左轉並略前傾；同時，放開右採手，變拳，右臂伸直，邊內旋邊以右前臂外側向左前下方用力，橫挒乙之頸部，左手配合仍採拿乙之前臂；眼隨右臂而動，視乙胸頸部。

乙被挒時，重心後移，上體後仰，並略右轉腰，以緩解甲的橫挒勁；眼視甲面部。（圖76）

圖 75

圖 76

圖77

③乙繼上勢不停。邊仰身右轉腰，邊提起右腳向後退步，撤至左腿後方，腳尖外撇；隨即左腳向前上步，落至甲右腿後方，右腿屈膝，左腿伸直成右弓步；同時，右臂內旋屈肘，從甲右臂下方向上將甲之右臂掤起，並順勢沾滑反手採拿甲之右腕，再邊外旋邊向裡、向下擰捋甲之右腕；同時，左手變拳，邊外旋邊以左前臂外側滾壓甲之右肘上方，撅甲之右肘，上體略前俯；眼隨左臂而動，視前下方。

甲當乙採拿自己右腕後捋時，重心前移以隨之；而當右臂被撅時，則重心下降，兩腿彎曲成半馬步，上體前傾；右臂略屈並外旋，以緩解被撅壓的力量，左臂舉於身後；眼視

圖 78

前下方。（圖 77、圖 78）

【要點】

①甲在做「採手橫挒」時，左手向右後與右臂向左前要形成合力，並配合身法前傾形成整勁。

②乙做搌臂動作時，移重心，右轉腰與換步要協調一致。右手上提與左臂下壓及形成側弓步，上體前俯均須同步。

圖79

25. 甲右伏虎 乙轉身大捋

①甲繼上勢不停。重心略升高並後移，右腳隨即提起，繞落於乙的左腿後側，再重心前移，右腿屈膝，左腿伸直成右弓步；同時，左臂隨即外旋，左手向右下方採拿乙左腕，採捋於右腹前；右臂則外旋脫開乙的右手，隨即右拳經下向右、向上內旋畫弧，貫擊乙的後腦，拳眼斜向下；眼隨右拳而動，視乙面部。

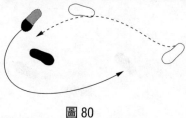

圖 80

　　乙在頭部將被擊到時，重心略右移，左腳提起，經右腿
內側向右前方邁一大步，腳尖外撇，左腿屈膝，右腿略屈，
上體向左擰身並略右傾；同時，左臂略掤住甲的左手，並順
勢內旋，以緩解甲的採拿力量，右手向右前上方畫弧，亮掌
於頭的右側上方；眼隨右手而動，視甲面部。（圖 79、圖
80）

圖 81

②甲繼上勢不停。左腳經右腿內側向前上方弧形上一大
步，腳尖外撇，上體向左擰身並略帶左傾；兩手不變，隨之
轉動；眼視乙面部。

乙繼上勢不停。右腳經左腿內側向右前方弧形繞上一大
步，腳尖裡扣，重心前移，右腿屈膝，左腿伸直成右弓步；
上體微左轉並略右傾；兩手不變，隨之轉動；眼視甲面部。
（圖 81）

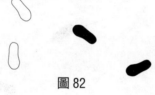

圖 82

③乙繼上勢不停。左腳向左後方撤一大步，上體隨之左
轉，重心略移向左腿，成半馬步；同時，左臂外旋，左手畫
一小圈反抓採甲之左腕，向下擰捋於腹前；右臂隨左轉身外
旋屈肘，右手變拳，以右前臂外側沾貼甲的左上臂外側，向
左下方滾壓，捋搬甲之左臂，拳心斜朝自己面部；眼視右
手。

甲繼上勢不停。右腳經左腿後側向左前方弧形繞上一大
步，腳尖略內扣；右拳隨之轉動；同時，當左臂被捋搬時，
微微屈肘並外旋臂，以緩解搬壓的力量；上體略前傾以隨
之；眼視乙胸部。（圖82、圖83）

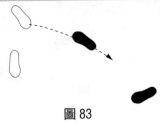

圖 83

【要點】

①甲「右伏虎」時，貫拳應與左抓擰乙的左臂形成合力，同時上體略右傾、左轉、飽滿圓撐。

②乙做「轉身大将」時，甲、乙雙方分別做弧形繞行擺、扣步，要配合協調。定勢時，右臂将搌與右手的擰提要形成合力，對拉拔長。從甲被搌右臂到甲被将左臂，正好甲乙雙方互換方位。

圖 84

26. 甲上步左靠　乙回擠

①甲繼上勢不停。左腳向前上一大步，插入乙的襠內，落於乙右腿內側，隨即左腿屈膝，右腿微屈，重心前移，上體左轉並略前俯；同時，左臂外旋屈肘，掌心朝內，右掌附貼於左前掌內側，以左臂外側擠靠乙之胸腹部；眼視乙胸部。

乙在甲將靠至胸時，重心略後坐左移，上體略含胸、收腹，並左轉以緩解甲的擠靠力量；兩手繼續向左後将帶並略帶掤勁；眼視甲面部。（圖84）

②乙繼上勢不停。隨即重心前移，右腿屈膝，左腿基本

圖85

伸直成右弓步；同時，上體右轉，右拳鬆開變掌，右臂內旋，使掌心朝內，拇指側朝上，右臂屈肘圓撐，沾貼甲的左上臂；左手鬆開甲的左腕變掌，掌心貼附右前臂內側，兩臂一起用力，向甲胸部擠靠；眼視甲胸部。

甲在乙擠靠將到時，重心後移，右腿屈膝，左腿微屈，上體隨之後坐並略右轉，以緩解乙之擠靠勁；眼視乙之胸部。（圖85）

【要點】

①甲、乙均要體現「化而後發」的攻防原理。當甲被掤擴時，邊旋臂化解邊進步擠靠。同樣，乙被擠靠時，迅速坐轉以化解靠勁，再進身弓腿回擠進攻。

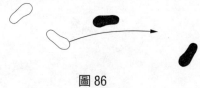

圖 86

②甲、乙擠靠時，都要借助腰腿的力量，做到手、眼、
身、步的協調配合。

27.　甲換步掖掌　乙轉身頂肘

①甲繼上勢不停。重心繼續後移，兩腿略伸起，左腳退
一大步，撤至右腿後側；隨即右腳進一大步，落至乙右腿內
側成半馬步，重心下降；同時，左手沾貼乙左腕內側，將乙
之兩臂掤架於頭部前方；隨即在進右步成半馬步時，右臂內
旋伸向前，反掌以掌根擊打乙的胸部，上體隨之前傾；眼視
乙之胸、腹部。

圖 87

　　乙當甲左手掤架時，兩臂隨之舉於頭部前上方；當甲進右步反掌擊胸時，乙重心後移，左腿彎曲，右腿略伸直；同時，左手撐於身體左側，略含胸，以化解甲掌擊的力量；眼視甲面部。（圖86、圖87）

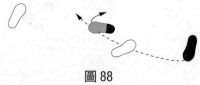

圖 88

②乙繼上勢不停。右手脫開甲的左手，邊外旋邊向左、向下畫弧抓握甲之右腕採搾；同時重心略前移，左掌仍撐於左側後方；眼隨右手而動，視採搾動作。

甲隨之重心略起，上體略右轉；同時，右臂隨之內旋，左掌撐於左側方；眼隨右手。（圖 88）

圖 89

　　③乙繼上勢不停。左腳上一大步，扣腳落於右腳外側，
上體隨之右轉；同時，左手邊外旋邊向前畫弧抓握甲之右
腕，與右手同時捌托甲的右臂向右側上方托起；隨即右腳後
退一大步，撤至甲左腿內側成半馬步；同時，上體繼續右後
轉身，右手脫開甲右腕，並以肘尖頂擊甲的胸、肋部；眼視
右肘頂擊方向。

　　甲在乙右肘頂擊將至時，重心略後移，略向後閃身，以
緩解乙頂擊的力量；眼視乙的面部。（圖 89、圖 90）

圖 90

【要點】

①甲「換步推掌」取之於八卦掌並加以改造。換步須輕靈、敏捷，退步與左架、略左轉體須同步。推掌與進步成半馬步、右轉體轉頭須協調一致。動作要飽滿、圓撐。

②乙轉身與擺扣步要很好地配合，身體幾乎轉動 360°。要平穩、圓潤，頂肘與成半馬步、右轉體轉頭須同步。

圖 91

28. 甲托肘撅臂　乙化打右劈捶

①甲繼上勢不停。邊向後閃身邊右腳後退一大步，左腳進一步落於乙右腿後側，兩腿屈曲成高馬步；同時，上體右轉，右臂邊內旋邊屈曲後拉，左掌變拳屈曲，由左向右格擋於乙右肘上方；眼視乙的面部。

乙隨之重心略向前成偏馬步，上體右轉，加強頂肘的攻擊力量；眼視甲的面部。（圖 91）

圖 92

　②乙繼上勢不停。重心前移，右腿彎曲，左腿伸直成右弓步；同時，右臂以肘關節為軸，向前劈打甲之面部，力達拳背；左臂下落，左掌按於腹前；眼隨右手而動，視甲之面部。

　甲當乙右拳劈來時，微向右轉，重心略移向右腿；同時，右手下落抓握乙之右腕，屈臂內旋，向右側上方捋帶；左拳變掌，沾貼乙肘部外側，以助捋帶之勁；眼隨左掌方向。（圖92）

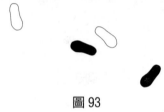

圖 93

③甲繼上勢不停。重心前移，左腿屈曲，右腿伸直成左
弓步，上體略前傾；同時，右手撅乙右腕向前推按，左掌托
其右肘迫其彎曲，形成撅臂的力量；眼隨右手而動，視乙的
面部。

乙當右臂被托肘撅壓時，順勢屈臂；同時，重心後移，
左腿彎曲，右腿伸直並略仰身，以緩解被撅的力量；左掌同
時沾貼甲之右前臂；眼視甲之面部。（圖93）

圖 94

④乙繼上勢不停。邊後移重心邊略仰身並右轉；先略抬右肘，以泄甲之按勁，而後以右前臂邊內旋邊向外掛格，拳心斜朝外；眼視右臂方向。

甲順勢兩手分別沾貼乙之肘部與前臂；眼視乙之右臂。（圖 94、圖 95）

圖95

⑤乙繼上勢不停。重心前移，右腿屈曲，左腿伸直成右
弓步，上體前傾；同時，向左轉腰，右前臂外旋伸直，以拳
背劈打甲的面部；左掌按壓甲的右手腕背側；眼隨右拳而
動，視甲之面部。

圖 96

甲順勢重心後移。右腿彎曲，左腿微屈並仰身；左掌沾掤乙前臂外側，以化解乙的劈捶；眼視乙的右拳。（圖 96）

【要點】

①甲無論做「托肘擻臂」，還是做化解乙「劈捶」，動作均須柔和，並充分俯仰，體現身法。

②乙在化解甲擻臂時要含胸轉腰，然後再重心前移，略俯身劈擊甲面，充分體現「捨己從人」和「化而後發」的太極拳攻防原理。

圖 97

29. 甲抓腕轉身　乙上步轉身

①甲繼上勢不停。邊仰身邊向右轉身，右腿屈曲，左腿伸直成側弓步；同時，右手脫開乙的左掌，邊內旋邊屈臂抓握乙的右腕，掌心朝外，左掌仍沾貼乙的右肘；隨即向左轉身，右腳向前上一大步；同時，右手抓握乙右臂經下向前、向左斜上方畫弧擰轉；左掌向左斜後上方畫弧，舉於左斜上方；眼隨右手。

圖 98

　　乙隨之扣左腳，向右後轉體，隨即右腳上一大步，腳後
跟先著地；同時，右臂內旋畫弧，舉於右斜上方；左掌隨之
經下向前畫弧，沾貼甲右前臂；眼隨右手。（圖97、圖98）

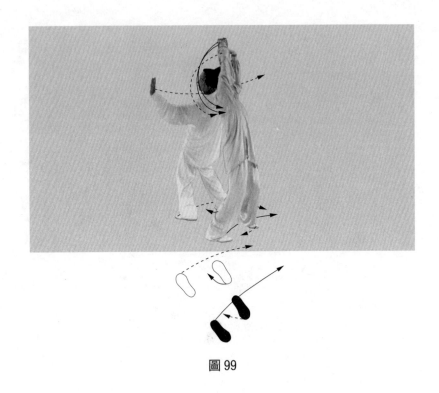

圖 99

　　②甲繼上勢不停。右手繼續抓擰乙右臂上舉，上體向左
後轉翻身，略屈膝仰身；同時，左掌落舉於左側方，指尖朝
上；隨即繼續左後轉身，左腳向前上一大步，右腿屈膝，左
腿微屈；眼隨右手。

　　乙隨之左腳上一大步，右腳退一大步，向右後轉翻身約
一圈，右腿屈膝，左腿伸直成右弓步；同時，兩臂隨之上舉
翻轉，成弓步時右臂掤於胸前，左掌仍沾貼甲的右前臂；眼
隨右手。（圖 99、圖 100）

圖 100

【要點】

①甲在邊左後轉翻身中，共上兩步。乙在邊右後轉翻中，上兩步、退一步，共三步。雙方要動作圓潤、協調、連貫，並配合身法。

②翻轉過程中，甲乙雙方均要沉肩、垂肘，兩臂應略帶外撐的掤勁，不可軟塌無力。

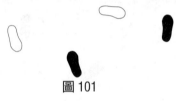

圖101

30. 甲右貫拳　乙左劈掌

①甲繼上勢不停。重心前移至左腿，上體右轉；同時，左掌先向內再向外畫弧，摟撥開乙之左手；隨即上體右轉，右手變拳，經下向右側後方畫弧，舉於身後，拳眼朝上；眼視乙的面部。

乙上體略右側傾；眼視甲的面部。（圖101）

②甲繼上勢不停。重心左移，左腿屈曲，右腿伸直成左弓步；同時，右拳橫貫乙之頭部，由於乙低頭閃躲，使右拳貼乙背部而過，落於左側前方，拳眼斜向上；上體隨之略前俯，並向左側傾以助貫拳；眼視前下方。

圖 102

　　乙在甲右貫拳將到時，迅速將重心移至左腿，同時低頭弓腰，以腰為軸，帶動上體自右向左移動，頭部移至甲之右肋側方；右手仍被甲左手抓握於體前下方，左手隨之落於體前下方；眼視甲面部。（圖 102）

　　③乙繼上勢不停。右手脫開甲之左手，反抓握甲之左手腕，向右側收於腰側；同時重心右移，右腿屈曲，左腿伸直成右橫弓步；左掌自左向右畫弧劈擊甲之頭部，由於甲低頭閃躲，故使左掌貼甲背部而過，落於右側前方，掌心斜向前上方；上體隨之略前俯，並向右側傾以助劈掌；眼視前下方。

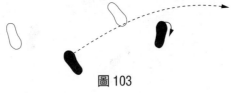

圖103

　　甲在劈掌將到時，迅速重心右移，同時低頭弓腰，以腰為軸，帶動上體自左向右移動，頭部移至乙之左肋側前方；右拳經下畫弧移至右側下方，拳面朝下；眼視左下方。（圖103）

【要點】

　　①甲做「貫拳」和乙做「劈掌」時，均要控制好對方的另一隻手，並要貼背而貫、而劈，體現「假中有真」，雖配合攻防，但仍覺十分逼真。

　　②甲、乙分別低頭閃躲時，動作要敏捷，掌握防守之時機，並配合好俯轉起伏之身法。

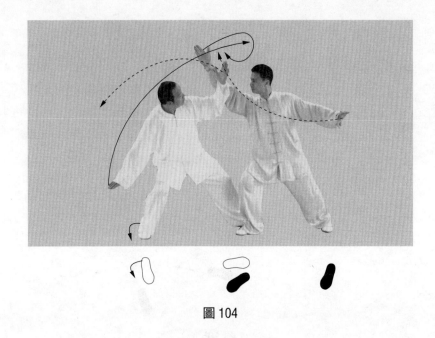

圖 104

31. 甲掤格劈掌　乙弓步雙架

①乙繼上勢不停。借劈掌之勢，左腳向前上一大步，隨即右後轉身約 180°，右腿屈曲，左腿伸直成右弓步；同時，右手變掌，從腰側畫弧經上向前下方劈出，劈向甲的頭部，力達掌側，臂部基本伸直下劈；左臂隨右後轉體而下按於左側後方；眼視甲面部。

甲當乙右劈掌將到時，略抬起身子，左臂由下向上、由內向外邊外旋邊向外掤格，掌心斜向裡，以前臂外側格擋乙的右前臂；右拳變掌，按於右側下方；眼視左臂格擋方向。（圖 104）

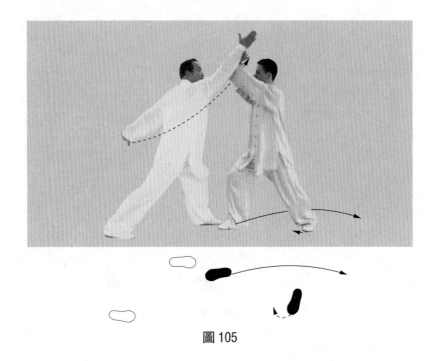

圖 105

②甲繼上勢不停。重心前移，左腿屈曲，右腿伸直成左弓步；同時，上體略左轉，左臂邊內旋邊向外、向左下方畫弧按於左側後方；右臂從後經上向前畫弧劈出，劈向乙的頭部，力達掌側，臂部基本伸直下劈；眼視乙面部。

乙當甲右掌下劈將到時，重心略後移，上體微右轉；左臂從左後向前上方畫弧架起，右臂畫小弧從外向裡屈臂架起，兩手腕交叉（左手在外），掌側朝外架掤住甲之右臂；眼視甲面部。（圖 105）

【要點】

甲、乙在做「劈掌」時，右手劈與左手按要有對拉拔長之意，掤格或掤架動作均要柔和、飽滿、圓撐。

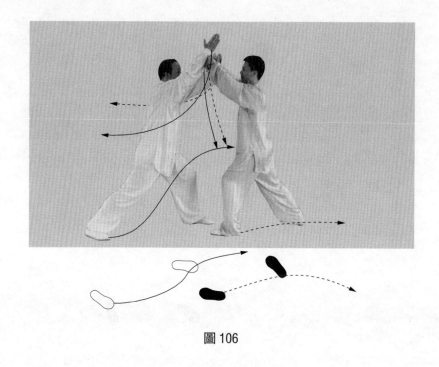

圖 106

32. 甲拆手踢腳 乙退步拍腳

①甲左臂由左後經下向前畫弧，先外旋再內旋，向前上方從乙手腕中間挑開，以拆解對手的架勢；眼視乙面部。

乙右腳後退一步成左弓步；兩手仍保持雙架的姿勢。眼視甲面部。（圖 106）

②甲繼上勢不停。重心前移，左腿伸直，右腳從後向前屈膝提起，迅即向前彈出，力達腳面，踢擊乙之腹部；同時，兩手變鈎，帶動兩臂經腰兩側向右方勾起，兩臂基本伸直；眼視乙面部。

圖 107

　　乙當甲的右腳將踢到腹部時，迅即重心後移，左腳向後退一大步成右弓步；同時，兩掌自上而下用掌心拍擊甲的右腳面，上體隨之略含胸；眼視前下方。（圖 107）

　　【要點】

　　①甲做挑拆手與前彈踢時，動作要協調、連貫，彈踢要先屈後伸，力達腳面。

　　②乙退步與雙掌下拍要同步，退步要輕靈，拍腳要輕拍、柔和。

圖 108

33. 甲雙分箭彈　乙跳翻身砸腳

①甲繼上勢不停。右腳在身前落地，基本伸直；兩臂順勢後移至臀部後側；隨即重心前移，右腿屈膝，左腿微屈，上體略前傾；同時，兩手變拳，從身後屈臂向前並外分，兩拳間距略比肩寬，拳心均朝上；眼視乙面部。

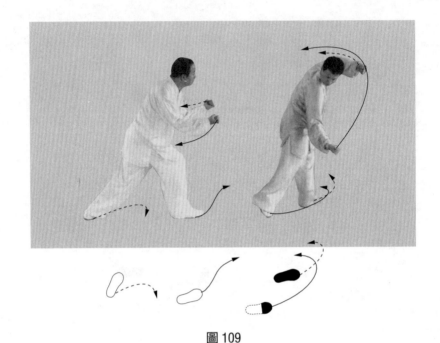

圖 109

　　乙繼上勢不停。迅即左腳外撇，右腳碾轉跟滑半步，上
體向左後轉，重心降低，兩腿彎曲；同時，兩手變拳隨之擺
動，左臂彎曲，擺至左腹前；右臂微屈，擺至右側後方；隨
即重心升高，右腳前移，上體繼續左後轉動，略含胸；兩臂
隨之擺動，左拳擺至頭左側上方，右拳擺至小腹前；眼隨右
拳。（圖108、圖109）

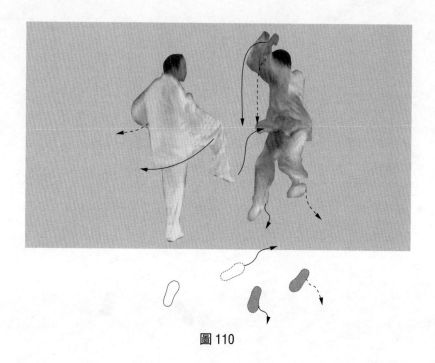

圖 110

②甲繼上勢不停。右腳蹬地跳起，左腿屈膝擺起，在空中右腳從後向前屈膝提起，迅即向前彈出，力達腳面，踢擊乙之腹部；同時，兩手變鈎，帶動兩臂經腰兩側向後方勾起，兩臂基本伸直；眼視右腳踢出方向。

乙繼上勢不停。左腳蹬地跳起，在空中兩腿屈膝並向左後轉身；兩臂隨之畫弧上擺至頭的上方；隨即兩腳落地，兩腿屈曲成半馬步；同時，兩拳隨屈臂下砸，右拳拳心朝上，以前臂後側砸擊甲的腳踝上方；右拳拳心朝上，以拳背砸擊乙的右腳面；上體略含胸；眼視雙拳砸擊方向。（圖110、圖111）

圖 111

【要點】

①甲做「雙分箭彈」時，上下配合要協調。跳起與擺臂、雙勾與彈踢均須配合一致。年長的朋友也可不跳，僅做上步彈踢即可。

②乙做跳翻身時，跳起與轉體、擺臂要協同一致，落地要掌握距離並要穩健，與砸拳同步。跳翻身落地與首次拍腳幾乎翻轉 360°。年長的朋友也可不跳，僅做翻身砸拳即可。

圖 112

34. 甲弓步沖拳 乙右架推掌

①甲繼上勢不停。右腿屈膝下落於乙右腿內側，右腿屈曲，左腿伸直成右弓步；同時，上體左轉並略前傾；右手變拳，經腰間向前上方沖擊乙之面部，臂部基本伸直，拳眼朝上；左掌仍按於左胯旁；眼視右拳沖拳方向。

乙當甲右拳將沖到時，迅即重心後轉，左腿彎曲，右腿微屈，上體向右轉動；同時，右臂邊內旋邊向右搠架，右拳變掌，以掌心側和前臂搠架甲的右前臂；左拳變掌，置於腹前，掌指朝上；眼隨右掌方向。（圖 112）

②乙繼上勢不停。重心前移，右腿屈膝，左腿伸直成右弓步；同時上體略左轉並前傾，右臂向前「架甲的右臂，左

圖 113

掌向前推擊甲之胸肋部，掌指斜朝上，力達掌根；眼視甲胸
肋部。

　　甲在乙左掌將推擊到時，迅即重心後移，左腿屈曲，右
腿微屈；同時，上體略右轉，並含胸以緩解掌推的力量；右
臂屈曲內旋，掤架於頭部前上方，右拳拳眼斜向下；左掌仍
按於左胯旁；眼視乙面部。（圖 113）

　　【要點】

　　①甲「弓步沖拳」時，右拳上沖與左掌下按要有上下與
前後的對拉拔長力量和圓撐勁；在乙前推掌時，既要坐、轉
及含化，又要有適當的掤勁以防之。

　　②乙做「推掌」前，要充分轉化甲之沖拳力量，身法協

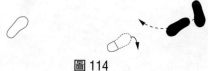

圖 114

調配合，很好體現「化而後發」和「以柔克剛」的太極拳攻
防原理。

35. 甲後坐右捋　乙下勢穿掌

①甲繼上勢不停。重心繼續後移，並上體含胸右轉，左
腳屈膝，右腿伸直，腳尖翹起成左虛步；同時，右手抓握乙
之右手腕，邊外旋邊向右側後方捋帶；左掌自後向前、向右畫
弧，沾貼乙之肘部助力右下捋，掌指朝右；眼隨捋帶方向。

乙在被甲捋帶時，右臂順勢伸直內旋前送，小指側朝
上，左臂屈曲收於肘關節內側；同時，上體前傾，以緩解捋
帶的力量；眼視前下方。（圖 114）

圖115

　②乙繼上勢不停。隨即重心後移，右腳提起，略後撤外撇落地，重心移於右腿，再提起左腳，收於右腿後側，屈膝，使膝關節輕貼於右小腿後側成高歇步，前腳掌著地；同時，上體抬起並右轉；右手反抓握甲之右腕，向右上方将帶，右臂彎曲，掌心朝外；左掌沾貼甲右肘外側以助力右上将，掌指斜朝上；眼視甲面部。

　　甲在被乙将帶時，順勢重心前移，右腿屈膝，左腿伸直成右弓步；同時，右臂順勢內旋前送，基本伸直；左掌向左側後方畫弧，按於左側後方，掌心朝下；眼視乙面部。（圖115）

　　③乙繼上勢不停。右腿伸直，左腳提起，腳尖朝下，收

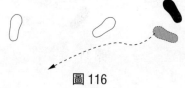

圖 116

於右膝內側；同時，略含胸前俯；兩手將甲右臂捋帶於胸、
腹前；隨即左腿沿甲右腿外側前伸仆直，腳尖內扣，右腿全
蹲成仆步；同時，左臂伸直，沾貼甲右前臂內側，掌指向前穿
挑甲的襠部；右手按掌護於腹前；眼隨左掌前穿，視前下方。

　　甲在乙捋帶時，右臂略內旋，上體含胸以隨之；當乙仆
步做穿掌時，重心迅即後移，上體略前傾，右臂略帶掤勁，
掤住乙前穿的力量；左掌側舉於左側後方，掌指朝左；眼視
乙面部。（圖 116、圖 117）

　　【要點】

　　甲、乙捋帶時，雙方都要體現「沾連黏隨」「捨己從
人」的原則，先化而後發，動作要連貫。

圖 117

36. 甲退步栽捶　乙叉步側打

①甲重心後移，左腿伸直，右腿屈膝提於身前，腳尖約
與左膝同高；同時，上體略抬起；左掌自後畫弧，向前下方
抓握乙的左腕；右手變拳畫弧，舉於右側後方；隨即右腳後
退一大步，左腿屈曲，右腿伸直成左弓步；同時，上體略前
傾；右拳自後經上畫弧，向前下方栽擊乙的面部，力達拳
面，拳心向下；左手抓乙左腕，向後下採按；眼視乙面部。

乙在甲提腳採手時，順勢重心前移，上體略抬起；而當
甲退步右拳即將栽擊到時，迅即重心後移，左臂略回帶以閃
躲之；眼視前方。（圖118、圖119）

新編太極拳對練

圖 118

圖 119

圖120

　　②乙繼上勢不停。重心升高，上體抬起，左腳抬起外撇
落地，右腳向前跟滑成叉步；同時，左手反抓握甲的左腕向
上方托起，迫使甲右臂下落；右掌掌心斜向內置於腹前；隨
即右腳上一大步，落於甲左腿外側，上體繼續左轉；同時，
左手抓握甲左腕，向頭上方回拉；右掌隨轉體置於左肋側
方；眼視前方。

圖121

　　甲隨之重心升高，右拳順勢回落至右胯側；左臂隨之上舉；上體略向右轉；眼視前下方。（圖120、圖121）

圖 122

　　③乙繼上勢不停。左腳向右側橫跨一大步，腳前掌著
地，右腿屈曲，左腿半屈成叉步；同時向右轉體；右臂以肩
關節為軸，向右前方甩擺，以掌靠擊甲面部，力達掌拇指
側，掌心斜向上；左掌鬆開甲左腕，自上經左側向前下畫
弧，屈臂附於右上臂內側，掌心朝上；眼視甲面部。（圖
122）

　　【要點】

　　①甲做「栽捶」時，須與退右步、略蹬腿形成合力，並
借助腰、腿的力量。

　　②乙做「叉步側打」時，步法擺碾須輕靈，並與手法、
身法協調配合。側橫擊須借助轉腰與叉步蹬腿的力量。

圖 123

37. 甲叉步格擋、雙格擋　乙轉身右點腿

①甲繼上勢不停。當乙右掌橫擊將到時，迅即重心後移，左腳向後退一大步，腳前掌著地，上體左轉成馬步；同時右掌變拳自上經側方向前下畫弧，屈臂格擋住乙的右前臂外側，拳面斜向上；左拳順勢擺於身後。眼視乙面部。

②乙重心略降低，上體含胸前俯，同時左右轉身；左掌隨轉身以掌背貼背部反穿，掌心朝上；右臂屈曲畫弧，右掌心朝上，置於右胸前；隨即扣右腳，撇左腳，繼續向左後轉體；同時，左掌反穿外旋伸直，掌指直逼甲喉部；右掌略前下穿，置於右腰側；眼視甲面部。

圖 124

　　甲隨之左後轉身，上體略前俯，含胸；同時，左掌以腕
為軸，以掌背貼背部反穿，掌心斜朝上；右拳變掌，內旋畫
弧，隨轉體置身前，掌指斜朝下，與腹同高；隨即，當乙左
掌前穿逼喉時，上體略仰；左掌反穿外旋，伸直於左側下
方，略沉腕，掌指斜向左下方；右臂外旋伸直，掌心斜向
上；眼視乙面部。（圖 123、圖 124）

　　③乙繼上勢不停。重心前移，左腿伸直，右腿屈膝提
起，隨即以腳尖為力點，向前上方點出，意欲擊踢甲之面
部；同時，上體後仰，右掌自腰側向前上方穿出，力達掌
指，兩臂基本伸直；眼視右腳腳尖。

圖 125

甲繼上勢不停。當乙右點腳將到時，迅即左掌變拳，自
體側向內、向上邊外旋邊畫弧至胸前；右掌變拳，自右側向
內、向上邊外旋邊畫弧至胸前；同時，上體略仰身並左轉
體，帶動兩臂向左格擋，兩前臂外側格擋乙右小腿內側，拳
心均向內；眼隨乙右腿。（圖 125）

【要點】

甲、乙雙方均運用八卦掌的方法，腋掌反穿要與重心變
換、與身法協調配合。點腰要由屈到伸，力達腳尖。甲先左
格擋、後轉身雙格擋，完成二次防守動作。

圖 126

38. 甲翻身提膝亮掌　乙翻身歇步按掌

①甲重心後移，右腳向右斜後方退一大步，腳前掌著地，左腳尖略扣，上體前傾並向右後轉；同時，右拳變掌，由上經右腰側貼背腋掌反穿，掌心斜向上；左拳變掌，舉於頭左側上方；隨即左腳以腳前掌為軸碾轉，右腳尖外撇，繼續右後轉身；同時，右掌反掌前下伸出，臂基本伸直，掌心斜向上；左掌隨轉體置於胸前，掌指與右掌指同向前下方；眼隨右手方向。

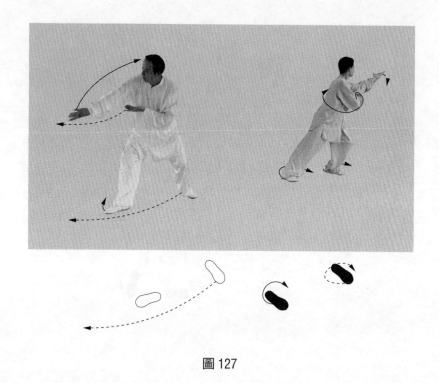

圖 127

　　乙與甲同時翻轉，右腿屈膝收回，並向右斜後方直腿仆
出，左腿全蹲，右腳內扣，右腿平鋪成右仆步；同時，向右
後轉身，右掌內旋，經右腰側腋掌反穿，後反掌沿右腿內側
前穿；左掌隨轉體置於左胸前；隨即起身，重心前移，左腳
向左前方上步，左腿屈曲，右腿伸直成左弓步；同時，左掌
掌心斜朝上，沿右掌背向左上方穿出，高與頭平；眼視左掌
方向。（圖 126、圖 127）

圖 128

②甲繼上勢不停。左腳向左斜前上方上一大步，腳尖略
裡扣，上體以腰為軸，向右後翻轉約 180°；同時，左掌沿右
臂向前下方穿出，掌心朝上，掌指朝前；右掌邊內旋邊屈
臂，收於頭部左側；隨即重心後移，左腿伸直支撐，右腿屈
膝提起，腳尖斜朝下；同時，隨翻身右掌邊外旋邊畫弧，向
前落於小腿前方，右臂外側輕貼右大腿內側，掌心斜朝前；
左掌向上畫弧，舉於左上方；眼視乙面部。

乙與甲同時翻轉，先以左腳掌為軸碾轉內扣，右腳提起
外撇屈曲；同時，向右後轉體，右掌內旋腋掌，反掌貼背反
穿；左掌隨轉體斜舉於頭部左側上方，掌心朝斜上方；眼隨左

圖 129

掌而動；隨即左膝向右膝後側靠攏，輕貼於小腿後側，兩腿屈
蹲成歇步；同時，繼續右後轉體，左掌經臉前向前下方按出，
按於腹前，掌心向下；右掌邊外旋邊畫弧，上舉於右側後方，
掌心朝外，上體略前傾；眼視甲胸部。（圖 128、圖 129）

【要點】

①該動甲、乙均採用八卦掌動作，要充分體現腋掌、反
穿掌、亮掌、按掌與翻轉閃展的特點。定勢要飽滿圓撐。

②甲、乙均向相反方向移動，自「托肘搌臂」起雙方均
走斜線，各自與行進路線夾角約 30°～45°。該動定勢時相向
而視。

圖 130

第三段（39～54 動）

39. 甲乙雙震腳

①甲右腳下落於體前，前腳掌著地成右高虛步；同時，右掌略上抬，左掌從左上方邊外旋邊畫弧下落至胸前右前臂內側，兩掌掌心均朝上；隨即右腿屈膝提起，膝高過腰，腳尖斜朝下，兩掌隨之略上抬，約與肩同寬；眼視乙面部。

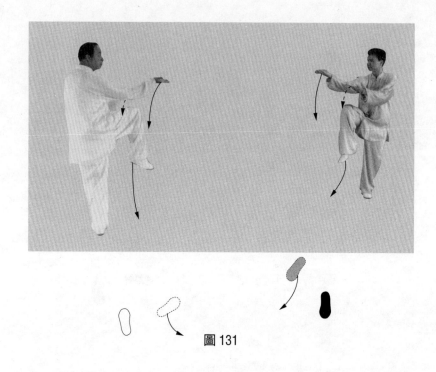

圖131

　　乙與甲同步重心升高，右腳前腳掌著地落於體前，成右高虛步；同時，右掌從右後上方經右側畫弧向前，邊外旋邊斜上托於胸前；左掌邊外旋邊上抬，置於右前臂內側，兩掌掌心均朝上；隨即右腿屈膝提起，膝高過腰，腳尖斜朝下；兩掌隨之略上抬，約與肩同寬；眼視甲面部。（圖130、圖131）

圖 132

②甲、乙繼上勢不停。同時，左腳略離地跳起，與右腳一起落地，向下震踏；同時重心下降，兩掌同時內旋下按於腹前；眼視前下方。（圖132）

【要點】

該動為吸取陳式太極拳的動作，提腳托手時，須配合吸氣。向下震腳時，須配合按手呼氣，以加強震砸的力量。震腳發力可發出響聲。手腳動作應上下相隨。

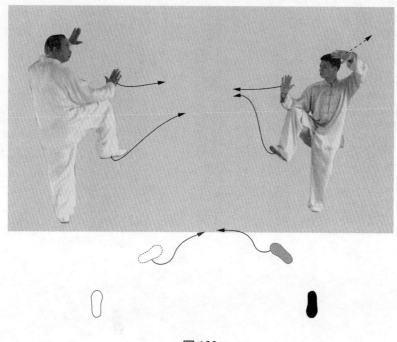

圖 133

40. 甲乙右蹬腳推掌

①甲、乙同時重心升高，右腿屈膝提起，膝高過腰，腳尖略上翹；同時，左掌邊內旋邊畫弧，上舉架於頭部左上方，掌心斜向外；右掌邊略外旋邊屈臂提起，小指側朝前；眼視對方面部。（圖133）

圖 134

②甲、乙繼上勢不停。同時右腿伸直前蹬，使出爆發力，力達腳跟，腳高過腰；同時，左掌向左後方架起，掌心朝外；右掌也用爆發力向前推出，臂部基本伸直，力達小指側；眼視對方面部。（圖 134）

【要點】

該動為吸取陳式太極拳的動作，提腿時配以吸氣，蹬腳推掌時配以呼氣以助爆發力。須注意外三合，即右手與右腳、右肘與右膝、右肩與右胯須上下對照。年長的朋友也可蹬的高度降低，也可不發力做慢動作。

圖 135

41. 甲乙跳叉步推掌

①甲、乙同時屈膝下落於體前，腳後跟先著地；同時，右掌下按於體前（或腰側），左掌也自左上方下落至左腰側；隨即雙方右腳向前進半步踏實，重心前移，右腿屈曲，

圖 136

左腿基本伸直，腳後跟提起；同時，右掌由屈到伸向前伸
出，腕略與肩同高；左掌自腰側經胸前向左上畫弧，架於左
上方；眼視對方面部。（圖 135、圖 136）

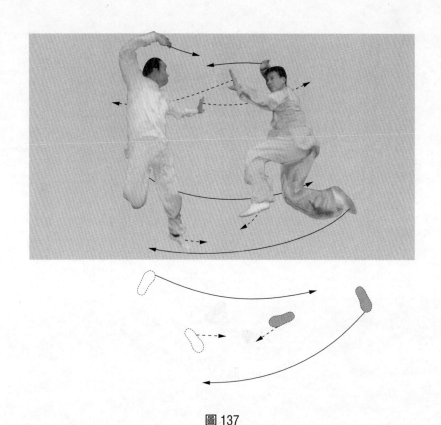

圖 137

②甲、乙繼上勢不停。同時右腳蹬地，左腳向前跳起一大步，右腿屈膝在空中形成背腿，舉於身後，腳尖斜朝上；同時，在騰空一剎那，左掌經左胸前向前方推出，腕略與肩同高，掌指朝上，力達掌側；右掌邊內旋邊彎曲架於頭右上方，掌心斜朝上；隨即右腿落於左腿後方，向左擰腰成叉步；眼視左掌方向。（圖 137、圖 138）

圖 138

【要點】

該動也是吸取陳式太極拳的動作。跳起騰空背腿推掌時，需運用「托氣」，即快速短吸氣後短暫屏氣上托，以助空中造型。意欲推掌擊打對方胸部，結果相向對錯而動，互成閃躲。年長的朋友也可不跳，僅向前上步亦可。

圖 139

42. 甲乙回身雙頂肘

①甲、乙同時右後轉體，以前腳掌為軸轉動踏實成馬步；同時，兩臂向內畫弧，兩掌變拳，拳眼朝上，兩前臂掤圓交叉於胸前（左臂在上）；上體略含胸、拔背；眼視對方面部。（圖 139）

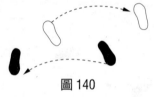

圖 140

②甲、乙同時左腳橫向進半步，右腳擦地滑步前跟，仍
保持馬步；同時，各自兩臂屈臂上抬，以左肘尖頂擊對方背
部，兩肘略與肩同高；眼視對方。（圖140）

【要點】

該動也是從陳式太極拳的動作改造而成的。馬步滑步向
前，重心要平穩，不可起伏波動。可以做發力動作。年長的
朋友也可不發力，柔和前頂。互頂肘，結果交錯成互相閃
躲。

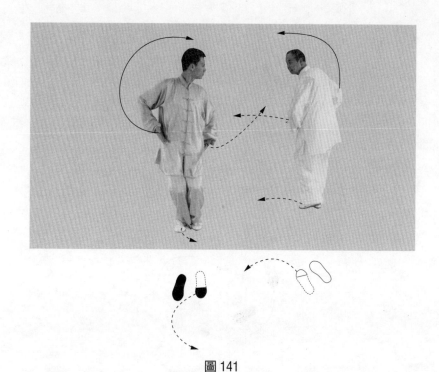

圖141

43. 甲乙叉步亮掌

①甲、乙同時重心移至右腿，左腳收至右腿內側，前腳掌點地成左丁步；同時，上體略右轉，含胸；兩拳變掌，收於兩腰側，掌心斜朝上；眼視對方。（圖141）

圖 142

②甲、乙繼上勢不停。同時左腳向右前方畫弧上步，腳尖外撇，兩腿屈膝；同時上體擰腰左轉，左掌向左前上方畫弧伸出，臂微屈，掌心向上，腕與肩同高；右掌自腰側向右側上方畫弧，扣舉於右上方，掌心向下，掌指與左掌指同向；眼視對方面部。（圖 142）

【要點】

該動為吸取八卦掌「獅子滾球」的動作，步型、手型均要走圓、捧圓，體現飽滿、圓撐，兩掌心宜上下斜相對，出步弧形，擰腰、含胸。

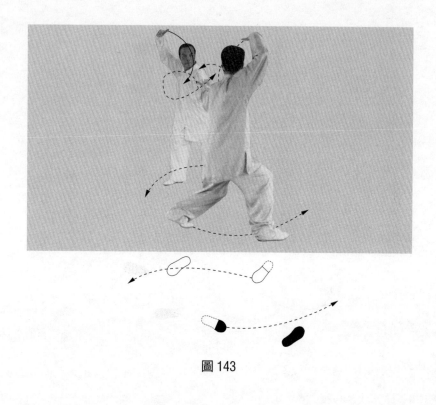

圖 143

44. 甲乙擺掌行圓

①甲、乙同時右腳經左腿內側向右前方畫弧上一大步，腳尖內扣，兩腿屈曲；上體和兩臂姿勢保持不變；眼視對方。（圖 143）

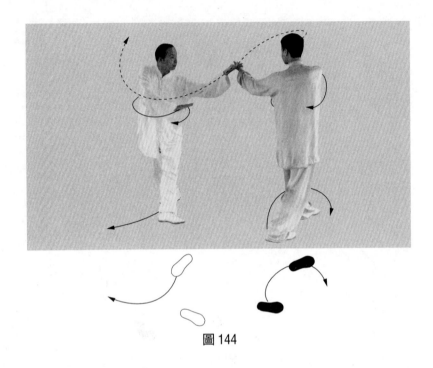

圖 144

②甲、乙同時左腳經右腿內側向左前方畫弧上一大步，腳尖外擺，兩腿屈曲；同時，右掌從上經臉前下按至胸前，掌指朝左，掌心朝下；左掌先屈後伸，經右臂下方向前畫一大弧（近半圓），擺向左前方，臂微屈，腕略與肩同寬，掌心朝上；眼隨左掌而動，視左掌方向。（圖 144）

【要點】

該動屬吸取八卦掌動作。上步擺扣行圓要腳底輕擦地面而行，須平穩、輕靈。上盤兩手的擺掌要與下盤行圓協調配合，邊走邊擺。若把「叉步亮掌」作為第一步的話，共擺扣行圓三步。行圓方向為逆時針。

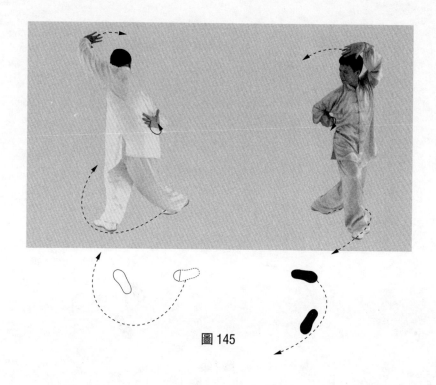

圖 145

45. 甲乙反掌行圓

①甲、乙繼上勢不停。同時右腳經左腿內側向前方上一大步，腳尖外擺踩實，左腳後跟提起，上體向右轉身；同時，右掌內旋，掌背腋向背部，屈臂，掌心向後；左掌邊內旋邊屈臂畫弧，舉於頭部的左側上方；眼視前下方。（圖145）

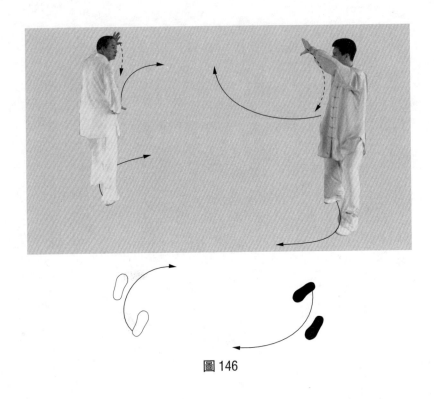

圖 146

②甲、乙繼上勢不停。同時經右腿內側左腳扣腳上一大步，隨即右腳經左腿內側擺腳上一大步；同時，左掌經體前下落按於胸前，右掌旋至腰側從右臂下方畫一大弧（近半圓），擺向右前方成立掌，腕略同肩高，掌心朝外；眼視對方。（圖146、圖147）

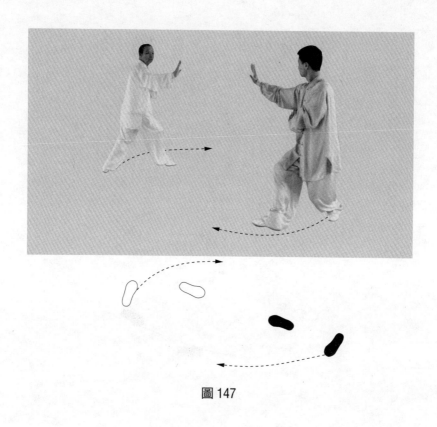

圖 147

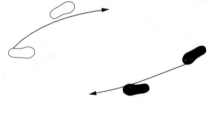

圖148

　③甲、乙繼上勢不停。同時左腳經右腿內側扣腳上一大
步，隨即右腳經左腿內側擺腳上一大步，兩腿屈曲，上體及
兩臂保持不變，隨轉動配合之。眼視對方面部。（圖148、
圖149）

圖 149

【要點】

　該動屬吸取八卦掌動作。要求與 44 動一致。連同轉身反掌那一步，擺扣行圓共五步。行圓方向為順時針。

圖150

46. 甲左攔右劈掌 乙左攔右沖拳

①甲左腳經右腿內側扣腳上一大步，重心移右腿，右腿
屈曲，左腿微屈，上體略傾；隨即左掌從後向前、從外向內
畫弧，按壓乙的左前臂近腕處；同時，右掌邊外旋邊收回右
腰側，掌心斜向上；隨即重心前移，左腿屈曲，右腿伸直成
左弓步；同時，左掌向外攔撥，右掌自腰側向前上方劈出，
劈擊乙的面部，掌心斜向上；眼視乙面部。

圖 151

　　乙當甲劈掌將到時，重心迅即後移，左腿屈曲，右腿微屈，上體後仰；同時，左掌從下向上、自外向內畫弧，摟掤住甲之右前臂近腕處；眼視甲之右掌。（圖 150、圖 151）

圖 152

　　②乙繼上勢不停。左掌繼續向外攔撥，掌心向外，高與
胸平；右掌變拳，收回腰側，拳眼朝上；同時，重心後移，
右腳提起，腳尖斜朝下，隨即右腳向前落於甲左腳內側，右
腿屈曲，左腿微屈近成右弓步；左掌繼續外撥，同時右拳向
甲的胸、腹部沖出，力達拳面，拳眼朝上；眼視右拳方向。
　　甲當乙右拳將沖到時，略重心後移，含胸、收腹，以緩
解乙沖拳的力量；同時，右掌隨之向外，左掌按於左側，掌
心向下，與胸同高；眼視前下方。（圖 152、圖 153）

圖 153

【要點】

①甲、乙無論做「劈掌」還是「沖拳」，均要注意沉肩、墜肘、斂臀，攔手要有挪、捋勁，沾連不脫。雙方都要注重含展俯仰身法的配合。

②甲、乙動作均要在斜線上進行，布局要飽滿。

圖154

47. 甲換步沖拳 乙搬手橫捯

①甲繼上勢不停。邊含化邊左腳後退一步，右腳前進一步，落於乙右腿內側，腳尖向前，兩腿均屈曲成半馬步；同時，左掌由外向內、再向外畫弧，攔撥乙之右前臂置於左側方；右手脫開乙左手變拳，經右腰側向前沖出，擊打乙的胸、腹部，力達拳面，拳眼朝上；眼視右拳方向。

乙當甲沖拳將到時，迅即重心後移，左腿屈曲，右腿微屈，略含胸以緩解沖拳的力量；同時，左掌從外向內、向下按住甲的右前臂近腕處；右拳也變掌，由內向外抓握甲的右腕，上體隨之略前傾；眼視前下方。（圖154）

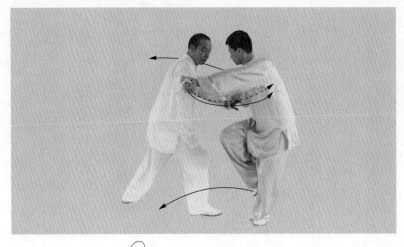

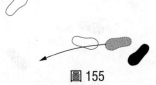

圖 155

②乙繼上勢不停。右腳提起收於左腿內側，腳尖斜朝下；同時上體略前傾，兩手抓握甲的左、右腕向左、右側分開；隨即右腳向前上一大步，落於甲右腿外側，右腿屈曲，左腿伸直成右弓步；同時，左手抓握甲之右腕向左後搬撥，右手抓握乙之左腕向左前方以右臂橫捌乙的胸、頸部。眼視乙的面部。

甲當乙橫捌時，向後閃身以避鋒芒。眼視乙之面部。
（圖 155、圖 156）

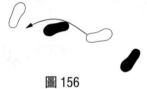

圖156

【要點】

①甲換步須輕靈、敏捷，與手法採撥、沖拳配合協調一致。

②乙的「橫挒」勁須與左手採搬勁相配合，形成對拉拔長的力量，同時左轉腰，用好腰腿勁。

圖157

48. 甲換步左掤　乙退步右攔

①甲繼上勢不停。邊後仰閃身邊右腳後退一步，腳尖外撇；同時，向右翻轉，右臂向左上畫弧，沾貼乙右臂下方滾滑，右手內旋，翻腕採按乙右腕部，掌心斜向前，略高於肩；左掌脫開乙的右手，畫弧下落於腹前，掌心朝下；隨即左腳向前一大步，落於乙右腿後方，腳尖斜向前，兩腿屈曲成半馬步；同時，右手採握乙右腕向右後採拉，置於右胸前；左臂邊外旋邊向前，以左前臂掤擊乙胸、腹部，掌心朝內，力達左前臂；眼視乙胸腹部。

圖 158

　　乙隨甲的掤勢，重心後移，略含胸收腹，以緩解甲外掤
之力量；右臂隨之下落；眼視甲的面部。（圖157、圖158）

　　②乙繼上勢不停。邊含化邊重心移至左腿，右腳向後退
一大步，兩腿屈曲，上體右轉成馬步；同時，右臂內旋屈
曲，向外翻腕採拿甲的右腕，借轉腰成馬步之勢向右後方採
領，掌心朝外；左手同時由左後向身前畫弧，以掌心沾貼甲
右上臂近肘處，助向右後方攔按，雙手均略同肩高；眼視兩
手方向。

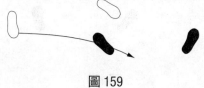

圖159

　　甲順勢重心前移，左腿屈曲，右腿微屈，近成左弓步；同時，右臂隨之向前，上體略前傾，以緩解採領勁；眼隨右臂方向。（圖159）

　　【要點】

　　①甲的換步要輕靈、平穩，左前臂沿乙右腋下前挪，前挪與右手採領形成對拉合力。

　　②乙的「攔手」、採領與攔按都須用上腰、腿勁，還要體現斜「挒」的力量。

圖 160

49. 甲上步右掤　乙退步左攔

①甲繼上勢不停。邊右肩前送右臂向前,邊左手向上經右腋下向前抄於乙左腕外側,掌心斜朝上;隨即右腳上一大步,落於乙左腿後側,腳尖向前,兩腿屈曲成半馬步;同時,上體左轉,右臂脫開乙的攔按,屈肘收於胸前,掌心向內;左前臂沾貼乙的左前臂向左後上方領帶,掌心朝右下方;眼視乙面部。

乙隨之順勢左臂向前,右臂屈曲,右掌撐於右側方,掌心朝外;眼視甲面部。(圖160)

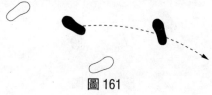

圖 161

②甲繼上勢不停。重心略下沉，上體略向左轉；借轉腰
的力量，左手採拿乙左腕向左後方採領；同時，右前臂沿乙
左臂下方向前掤擊乙的胸、腹部；眼視乙面部。

乙當甲右掤擊將到時，迅即重心略後移，並略含胸收
腹，以緩解甲外掤的力量；眼視甲面部。（圖 161、圖 161 附
圖）

圖 161 附圖

③乙繼上勢不停。邊含化邊重心移向右腿，左腳向後退
一大步，兩腿屈曲，上體左轉後成馬步；同時，左臂內旋屈
曲，左手向外翻腕採拿甲之左腕，借轉腰成馬步之勢向左後
方採領，掌心朝外；右手由右側方向身前畫弧，以掌心沾貼
甲左上臂近肘處，助力向左後方攔按，掌指朝上，雙手均略
同肩高；眼視兩手方向。

圖 162

甲順勢重心前移，右腿屈曲，左腿微屈近右弓步；同時，左臂隨之前送，上體略前傾，以緩解採領勁；眼隨左臂方向。（圖 162）

【要點】

與第 48 動相同。

圖163

50.　甲右掤打　乙後跳步白蛇吐信

①甲繼上勢不停。重心後移，上體左轉，兩腿屈曲成半馬步；同時，左臂外旋，左手沾帶乙之右臂於左肩前，掤住乙的兩臂；右手隨左轉身上舉於左胸前，掌心朝內；眼視乙之左臂。

乙隨甲左掤帶順勢重心向前移，右腿屈曲，左腿伸直成右弓步；同時，上體前傾，兩臂前送以隨之。（圖163）

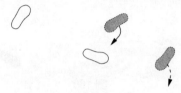

圖 164

②甲繼上勢不停。重心前移，右腿屈曲，左腿伸直成右弓步；同時，微向右轉體，以右前臂為力點，向前掤擊乙之胸、腹部，以爆發彈抖之勁發出，右臂微屈，腕同肩高，掌心朝內；隨即反彈回來仍成半馬步右掤勢；眼視乙面部。

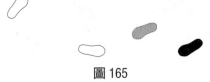

圖 165

　　乙在甲彈抖掤擊將到時，迅即向後蹬地跳起，兩腿均騰空，右腿屈曲，左腿微屈；同時含胸、收腹，兩臂隨騰空上舉於頭部左、右側上方；隨即左腳先落地，右腳仍屈膝收於體前；兩臂從左、右兩側下落，腕同肩高，掌心斜向下；眼視前下方。（圖 164、圖 165）

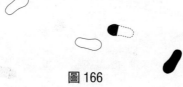

圖166

③乙繼上勢不停。右腳躍向前落地，左腳蹬地前跟進半
步成右虛步；同時，略向右轉體，右臂從右側向前下方下
落，右掌變拳，邊內旋邊畫弧下落，再向上、向右畫弧，以
右前臂外側下壓甲的腕部；左掌向前下方畫弧下落，附按於
右肘內側，掌心朝下；隨即右拳壓甲腕部向右後方沾帶，左
掌向前、向上撲擊甲之面部；眼視甲面部。

　　甲當乙右拳向後沾帶時，重心略前移，右臂伸直前送以
隨之；當乙左掌撲面時，略後仰以閃躲之；眼視乙左掌。
（圖166、圖167）

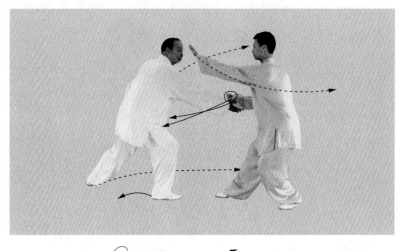

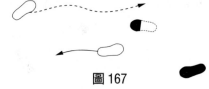

圖 167

【要點】

①甲右掤打時，須運用陳式太極拳的彈抖發勁，短促用力，並充分借助腰、腿的力量形成整勁，須上下相隨。年長者也可柔和用力。

②乙後跳閃躲時，須整體而動，騰空躍起；緊接著防守後反擊，即躍前一步做壓臂撲面掌。右壓左撲，一下一上形成力隅，相反相成，起到平衡作用。年長者也可不跳，僅做退步、進步。

圖 168

51. 甲高探馬 乙右踩腿

①甲繼上勢不停。邊略仰身邊右腳後退一步，退至左腿右側前方，腳尖外撇，右腿伸直，隨即左腳提起，屈膝向前，以左腳尖點踢乙的右小腿脛骨處；同時，上體略前俯，並向右轉身；右手順勢翻腕採拿乙的右腕向右後方採帶；左掌從腰側向前上方探出，撲擊乙之面部；眼視乙面部。

乙在甲探掌踢腳將到時，迅即左轉身，右臂向前隨之，左掌撐於體側，掌心向外；以左轉身向後引化，使甲落空；眼視甲面部。（圖 168）

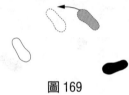

圖 169

②乙繼上勢不停。迅即左腿伸直，邊向右擰身邊提起右
腿，右膝外展，以右腳掌自右向左踩踹甲左腿脛骨外側；同
時，左掌向下、向前畫弧，抄於甲右腕內側，向左搠攔甲之
左臂，兩手沾搠也助平衡；眼隨甲左腿。（圖169、圖170）

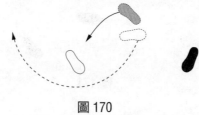

圖 170

【要點】

①甲、乙做「踢腳」或「橫踩腳」時，均須注意上手要搭住對手的臂部，體現「無搭不起腳」的原理。

②甲做「高探馬」時，踢腳與撲掌要上下齊攻。乙兩手分掤要圓撐如弓，形成支撐再起右腳橫踩。

圖 171

52. 甲轉身右劈掌 乙右弓步前擠

①甲繼上勢不停。當乙右橫踩腳將到時，迅即向右後轉身約180°，左腳掌先著地，繼而全腳踏實，重心落於左腿，兩腿均屈曲；同時，右掌隨右後轉身邊內旋邊向前上方畫弧，以右掌側為力點劈擊乙的面部；左掌也隨右後轉身收按於左腰側；眼視乙面部。

乙繼上勢不停。隨甲右後轉身，右腳向前落步，兩腿屈曲，重心仍在左腿；同時，上體略左轉，右臂向下、向內、再向外畫弧，以右前臂外側迎接甲的右前臂；左掌則向左後方下落，按於左腰側；眼視甲右臂。（圖171）

圖 172

　　②乙繼上勢不停。重心前移，右腿屈曲，左腿伸直成右弓步；同時，左掌向前上方畫弧，掌心沾貼右前臂內側；隨即重心降低，上體前傾；同時，左掌貼附右前臂內側向前用力，形成擠勢，擠擊甲之胸、腹部；眼隨兩臂前擠。

　　甲當乙前擠時，迅即右腳後退一步，左腿屈曲，右腿伸直成左弓步；同時，右掌滑沾乙的左肘部，左掌向前沾貼乙的右肘部，同時下按，形成按勢，化解乙的擠勁；眼隨前下方。（圖 172、圖 173）

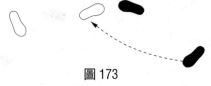

圖 173

【要點】

①甲做右後轉體，左腳要內扣落地，扣腳、轉身與劈掌
要借旋轉的慣性一氣呵成，協調一致。

②乙落步接手要柔和，再接擠勢，須連貫圓活，並鬆
腰、斂臂，用上腰、腿勁。

圖 174

53. 甲退連環步四正手 乙進連環步四正手

①乙重心前移，左腳向前上步，落於甲左腿內側，重心升高，左腿微屈；同時，左掌經右向上畫弧，以左前臂掤接甲的按勢，左掌掌心向前掤貼甲左腕處；右手由下經右向前繞出，扶貼於甲的左肘部；眼視甲面部。

甲隨之重心升高；左臂向右循弧線同時掤接乙的左前臂；右掌掌心向後，掤貼乙左腕部，右手隨之扶貼乙的左肘部。眼視乙面部。（圖174）

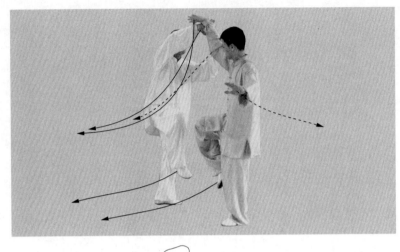

圖175

②乙繼上勢不停。兩手向右循弧線下按甲的左臂，隨即右手捌領甲右手上舉，左掌邊向左側畫弧，舉於左側方，掌心斜向下；同時，右腳提起於身前；隨即右腳上一大步，落於甲左腿內側，並迅即屈曲前弓，左腿伸直成低右弓步；同時，右臂由屈到伸，向甲胸、腹部擠靠（邊內旋），左掌向後畫弧撐於左後方，掌心向外；眼隨右手方向。

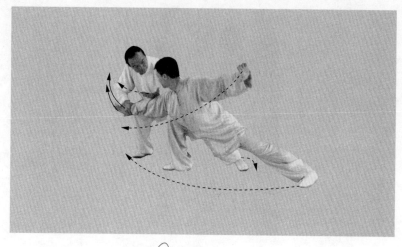

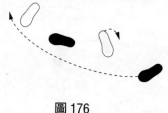

圖 176

　　甲繼上勢不停。當乙下按時，迅即右掌貼附左前臂內側，形成擠勢；隨即右手掤沾乙右手上舉，左掌仍沾附乙右肘部；同時，右腳提起於身前。隨即右腳後退一大步，右腿屈曲，左腿伸直成低右弓步；同時，右手翻腕採擰乙右腕，向右後方将帶；左掌同步外旋，以掌側、掌背貼附乙右肘助力引将；上體前傾；眼隨乙右臂而動。（圖175、圖176）

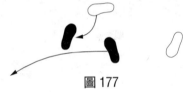

圖177

③乙繼上勢不停。重心升起，左腳向前上一大步，繞步內扣，兩腳間距約同肩寬；同時，上體右轉擰身；右臂屈肘，以化解甲下捋的力量，左掌隨右轉身仍撐於左後方；眼隨右臂。

甲隨之重心升高，上體隨之略右傾；兩手姿勢大體不變；眼視乙面部。（圖177）

【要點】

①甲、乙做「四正手」時，須沾連黏隨，不丟不頂。甲提腳與舉臂、退步與下捋均要協調配合，並充分體現身法。

②乙提腳與舉臂、進步與擠靠均要協調一致。左上步扣腳要輕靈並配合身法。

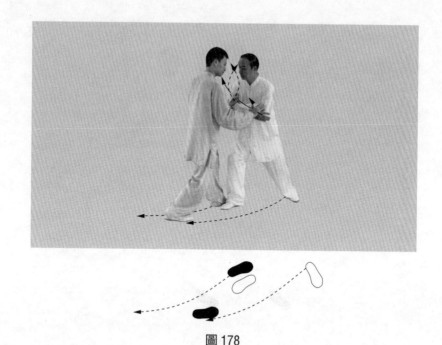

圖 178

54. 甲進連環步四正手 乙退連環步四正手

①甲繼上勢不停。重心先移左腿，右腳向前上一步，落於乙左腿內側，右腿屈曲，左腿伸直成右弓步；同時，左前臂貼附右前臂內側形成擠勢，掌心均向裡，上體略前傾；眼視乙的胸部。

乙繼上勢不停。邊右轉身邊右腳後退一步成左弓步；同時，右掌翻腕向前下按貼甲之右腕及左肘處；左掌由後向前貼按甲之左腕及右肘處成按勢；眼視下按方向。（圖178）

圖179

　　②甲繼上勢不停。左腳向前一步，落於乙右腿外側；兩
手向左循弧線轉成掤勢，即左手掤領乙左手上舉，左掌背掤
貼乙之左掌背，右掌隨之向右畫弧，附貼乙的左肘部外側；
隨即重心前移成左弓步；同時，兩手向右循弧線轉成按勢，
即左掌邊內旋邊轉成掌心向前，下按乙右肘部；右掌同時向
前下按乙左肘部；眼隨下按方向。

圖180

　　乙當甲前掤時，迅即退左腳成近右弓步；兩手向右循弧線，轉成掤勢，即左掌背掤貼甲之左掌背，右掌隨之附貼甲之左肘部；隨即當甲前按時，即重心後移成右虛步；同時，兩手向左循弧線轉成擠勢，即左前臂貼附右前臂內側，掌心均向裡；眼視前下方。（圖179、圖180）

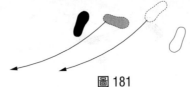

圖 181

③甲繼上勢不停。兩手向左循弧線，右手搠領起乙之右
手上舉，左掌仍貼附乙右肘部；同時，右腳提起於身前；隨
即右腳上一大步，落於乙左腿內側，並迅即屈曲前弓，左腿
伸直成低右弓步；同時，右臂由屈到伸，向乙胸、腹部擠靠
（邊內旋）；左掌向後畫弧，撐於左後方，掌心向外；眼隨
右手方向。

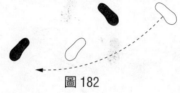

圖 182

　　乙繼上勢不停。當甲左臂上舉時，隨之掤沾右臂同時上
舉，左掌仍沾附甲右肘部；同時，右腳提於身前；隨即右腳
後退一大步，右腿屈曲，左腿伸直成低右弓步；同時，右手
翻腕採擤甲右腕，向右後方捋帶；左掌同步外旋，以掌側、
掌背貼附甲右肘助力引捋；上體前傾；眼隨甲右臂而動。
（圖 181、圖 182）

圖183

　　④甲繼上勢不停。重心升起，左腳向前上一大步，繞步
內扣，兩腳間距約同肩寬；同時，上體右轉擰身；右臂屈
肘，以化解乙下捋的力量；左掌向前畫弧，貼附乙右肘處；
隨即右腳向左腳靠攏成併立勢；同時上體立起；右掌背沾貼
乙右掌背，左掌仍貼附乙右肘處，成右手在裡的雙掤勢；眼
視乙面部。

　　乙隨之重心升高，上體隨之略右傾；兩手姿勢大體不
變；隨即左腳向右腳靠攏成併立勢，同時上體立起；右掌背
掤搭甲右掌，左掌仍貼附甲右肘處成右搭手的雙掤勢；眼視
甲面部。（圖183、圖184）

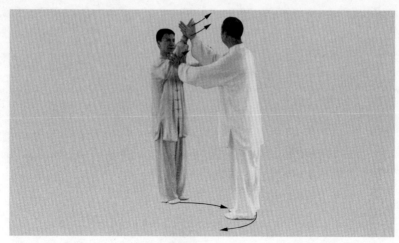

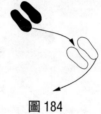

圖 184

【要點】
與第 53 動相同。

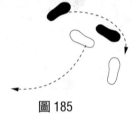

圖 185

第四段（55～70 動）

55. 甲退大捋 乙進大捋

①甲右腳向左後方退一大步，前腳掌著地，上體右轉；
同時，右臂內旋，右掌心轉向外，沾貼乙右腕處；左掌貼附
在乙右肘處；眼隨兩手而動。

乙隨之順勢右腳畫弧繞步上一步，腳尖外撇，落於甲左

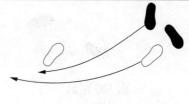

圖186

腿前；同時，上體右轉；右臂掤住甲的兩手，左掌撐於左側
方；眼隨右臂而動。（圖185）

②甲繼上勢不停。左腳經右腿內側向左後退一步接近成
右弓步，上體右轉；同時，右手翻腕採拿乙的右腕，向右後
捋乙之右臂；左掌仍貼附在乙右肘處；眼視右手。

圖 186 附圖

　　乙繼上勢不停。左腳經右腳內側畫弧繞步上一步，腳尖
外撇，落於甲右腿前；同時，上體略右轉；右臂隨甲捋向左
前方移動，左掌沾貼右前臂內側；眼隨右臂而動。（圖
186、圖 186 附圖）

　　③乙繼上勢不停。隨甲的捋勢，右腳經左腿內側向右前
方畫弧繞步上一大步，落於甲左腿內側（襠間），兩腿屈曲
成半馬步；同時，上體右轉；右臂邊內旋邊屈肘下沉，以
肩、臂靠擊甲的胸部；左掌輕附於右臂內側近肘處，略含
胸；眼視甲胸部。

圖187

　　甲繼上勢不停。右腳向左後方退一大步，上體繼續右轉，隨勢重心下降成半馬步；同時，右手採撐乙右腕向右下将；左臂外旋，左掌側、掌背貼附乙右肘上方助力右下将，化解乙的靠勁；眼隨左手方向。（圖187）

　　【要點】

　　①該「大将」行進路線走斜角，甲共退三步，乙共進三步，動作要流暢、連貫，步法要輕靈。

　　②甲轉身大将與乙的上步擠靠要同步配合，體現「沾連黏隨」和「不丟不頂」的原則。動作要飽滿圓撐，攻防清晰。

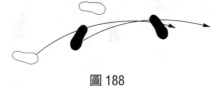

圖188

56. 甲進大将　乙退大将

①甲重心前移，左腿屈曲，右腿伸直成左弓步，上體左轉並略前傾；同時，右手變掌，邊外旋邊向前上方畫弧，以掌側、掌根向乙面部撲擊，掌心斜向上；左掌掌心貼附乙右肘處；眼視右手方向。

乙當甲右掌撲擊將到時，迅即重心後移，左腿屈曲，右腿微屈，上體後仰並略右轉；同時，右手脫開甲之右手，邊屈肘邊內旋，以右前臂沾搠甲之右前臂外側；眼視甲之右掌。（圖188）

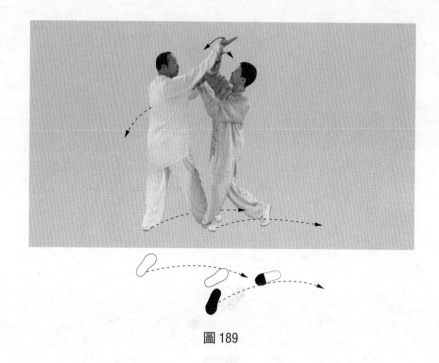

圖 189

②乙繼上勢不停。右腳向左後方退一大步，腳前掌著地，上體右轉；同時，右臂內旋，右掌心上滑沾貼甲右腕處；左掌貼附甲右肘處；眼隨兩臂而動。

甲隨之順勢右腳畫弧繞步上一步，腳尖略撇，落於乙左腳側；同時，上體右轉；右臂隨之上舉，掤住乙的兩手；左掌仍貼附乙右肘處；眼隨右臂而動。（圖 189）

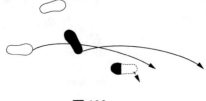

圖 190

③乙繼上勢不停。左腳經右腳內側向左後退一步，上體右轉；同時，右手翻腕採拿甲的右腕，向右後将甲之右臂；左掌仍貼附甲右肘處；眼隨兩手而動。

甲繼上勢不停。左腳經右腳內側畫弧繞步上一步，落於乙右腳前；同時，上體右轉；右臂隨乙将屈曲向左前方移動；左掌脫開乙肘，向左下方畫弧，按於左腰側；眼隨右臂而動。（圖190）

圖 191

④甲繼上勢不停。隨乙的捋勢，右腳經左腿內側向右前
方畫弧繞步上一大步，落於乙左腿內側（襠間），兩腿屈曲
成半馬步；同時，上體右轉並略含胸；右臂邊內旋邊屈肘下
沉，以肩、臂靠擊乙的胸部；左掌輕附於右臂內側近肘處；
眼視乙胸部。（圖 191、圖 191 附圖）

圖 191 附圖

【要點】

①除多一個甲右掌撲擊乙面外，其他動作與第 55 動相同，惟甲、乙相反。故要點也相同。

②甲向前上方撲擊乙面部須配合蹬腿、轉腰、微前傾，用上腰、腿勁。同樣，乙防守後反擊，也要與仰身、轉腰等協調配合，先掤後捋，銜接要自然、和順。

57.　甲仰身閃化　乙弓步貫拳

乙重心前移，左腿屈曲，右腿伸直成左弓步；同時，上體略左轉並前傾；右手脫開甲右手變拳，經右腰側向右、向

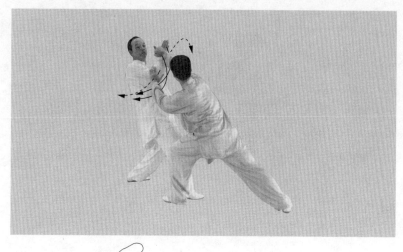

圖 192

前、向上畫弧，以拳面貫擊甲頭部左太陽穴，拳眼斜向下；
左掌仍沾附甲右肘部；眼視甲面部。

　　甲當乙貫拳將到時，迅即重心後移，左腿屈曲，右腿略
屈；同時，上體後仰並略右轉；右拳變掌，邊內旋邊以右掌
外側「撥乙之右拳以化之；眼隨右手而動。（圖 192）

　　【要點】

　　乙的貫拳要與蹬地、轉腰、前傾等緊密配合，用上腰、
腿勁。甲的右手掤撥要與仰身、轉腰、坐腿協調一致。

圖 193

58.甲右採左伏虎　乙右化劈捶

①甲繼上勢不停。上體繼續右轉；右掌邊內旋邊翻腕抓握乙右腕向右後採領；同時，重心前移，右腿屈曲，左腿微屈近成右弓步；左掌變拳，邊內旋邊向左、向前上畫弧，以左拳面貫擊乙的頭部右太陽穴，拳眼斜向下；眼視乙面部。

乙在甲貫拳將到時，迅即向左側傾以閃躲之；同時，右臂隨甲採而順之，左掌轉沾附甲右前臂近腕處；眼視甲左拳。（圖 193）

圖194

　　②乙繼上勢不停。右腳收於左腿內側成右丁步；同時，上體略右轉；左手翻腕抄拿甲的右腕向外搠撥；右拳乘機脫開甲右手，邊內旋邊經臉前向右上方畫弧攔化甲的左前臂；隨即右腳向前上一步，落於甲右腿內側（襠間），右腿屈曲，左腿伸直成右弓步；同時，上體前傾並略左轉；右臂邊外旋邊伸直，右拳向前畫弧，以拳背劈擊甲之面部；左拳按撥甲之右前臂；眼隨右拳而動，視甲面部。

　　甲在乙右拳掛劈將到面部時，迅即重心後移，上體後仰；左拳變掌，以掌心沾貼住乙的右前臂近肘處，以閃化之；眼視乙的右拳。（圖194、圖195）

圖195

【要點】

①甲做伏虎貫拳時，左貫拳要與右採手形成力偶，並與轉腰、弓腿協同一致。

②乙先防後攻，化而後發。先以轉腰帶動右臂攔掛甲的左拳，化開後再進攻。劈捶要與左按掌形成合力，並與弓腿、轉腰、傾身協同一致。

59.甲退步右撲掌（倒捲肱一） 乙右雲手

①甲繼上勢不停。左掌沾貼乙右前臂近肘處，繼續向右化按於胸前；隨即右腳退後一步，左腿屈曲，右腿伸直成左弓步；同時，右掌經下、經後向上、向前畫弧，自右耳側向

圖196

乙的面部平伸撲擊，肘微屈，略沉腕，掌指朝上；上體先右轉腰再左轉腰、送肩、略前傾，以助撲面的力量；眼視乙面部。

　　乙當甲右掌撲擊將到時，迅即重心略後移，左腿微屈，上體後仰；同時，左掌貼附甲之右肘向右掤按，以緩解甲撲掌的力量；右臂隨甲化按橫置於身前，右手仍握拳，拳心向下；眼視甲之右掌。（圖196）

　　②乙繼上勢不停。重心略前移，並向右轉腰；同時，右前臂內旋，右拳變掌，沿甲右臂外側向上、向右畫弧，右掌採按甲的右前臂近腕處，左掌貼按甲的右上臂近肘處，一起向右側撥引，以化解甲之撲掌；眼視甲右前臂。

　　甲當乙兩手向右動撥時，右臂掤住乙的兩手不丟；同

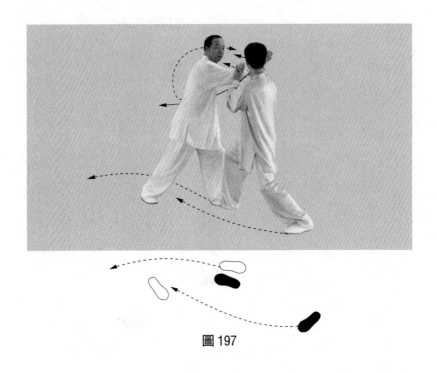

圖 197

時，略向左轉腰以隨之；左掌落按於左胯旁，掌心向下；眼
視乙面部。（圖197）

【要點】

①甲撲掌須與左按、退步、轉腰、弓腿等協同配合，用
上腰、腿勁，並與左手形成合力。

②乙做右雲手要用好按與捯的勁道，動作要柔和、黏
隨，並與轉腰配合一致。

60. 甲退步左撲掌（倒捲肱二） 乙左雲手

甲繼上勢不停。當被乙雲撥重心欠穩時，迅即左轉腰以
隨之，左腳後退一步，右腿屈曲，左腿伸直成右弓步；同

圖 198

時，左掌經下、經後向上、向前畫弧，自左耳側向乙的面部平伸撲擊，肘微屈，略沉腕，掌指朝上；上體先左轉腰再右轉腰、送肩、略前傾，以助撲面的力量；右掌脫開乙手，落按於右胯旁，掌心向下；眼視乙面部。

乙繼上勢不停。左腳向前上一步，重心前移，左腿屈曲，右腿伸直成左弓步，上體略向左轉腰；同時，左掌向右繞到甲左前臂外側，向上、向左畫弧，左掌採按甲的左前臂近腕處，右掌繞按甲的左上臂近肘處，一起向左側撥引，以化解甲之撲掌；眼視甲左前臂。（圖 198）

【要點】

與第 59 動相同，惟方向相反。

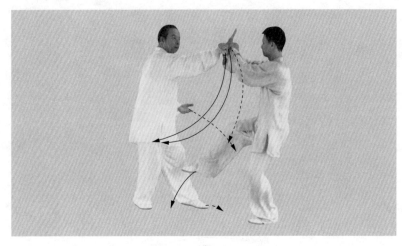

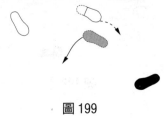

圖 199

61. 甲高探馬　乙上步七星

甲繼上勢不停。當被乙雲撥重心欠穩時，迅即邊右轉身
以隨之，邊右腳後退一步，重心落於右腿，左腳後跟提起成
左高虛步；同時，左掌邊外旋邊收於左腰側，掌心向上，使
乙的採按力量落空；右掌經後向上、向前畫弧，自右耳側向
乙的面部平伸探撲，肘微屈，略沉腕，掌指朝上；略左轉
腰、送肩，以助撲面的力量；眼視乙面部。

乙當甲右掌將撲擊到面部時，右手迅即脫開甲左臂，握拳沿左前臂下向前伸出，左掌同時變拳與右拳交叉（右拳在前），屈肘上架甲的右掌；同時，重心移向左腿，右腿提起，屈曲前踢，以腳尖為力點，踢擊甲左小腿前側；眼視甲面部。（圖199）

【要點】

①甲做「高探馬」時，右掌向前上探撲要與左掌向後下回拉形成對拉撥長的合力，相反相成。右臂要沉肩、墜肘，並略轉腰、送肩，同步完成。

②乙做「上步七星」時，左腿須稍屈站穩。兩手上架，兩臂須掤圓，做到飽滿、圓撐。

62. 甲海底針　乙閃通臂

①甲在乙右腳將踢到時，迅即右手翻腕採拿乙的右腕，向右下方採沉；同時，左腳向前上半步，腳前掌著地，重心下降成左虛步，上體略右轉並前俯；同時，左掌邊內旋邊自左腰側向乙的小腹下部插撩，掌心朝右；眼視前下方。

圖 200

　　乙當被甲採拿時，右腳迅即前落，兩腿屈曲近成馬步或
半馬步；同時，重心下降並略左轉腰；右臂隨之前伸，左拳
變掌，隨之下落並迎拿甲的左腕部；眼視右臂的方向。（圖
200）

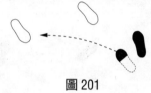

圖 201

②乙繼上勢不停。重心升起，右腳後退一步，落於左腳側，左腿屈曲，腳後跟提起成左丁步；同時，上體略右轉；右拳變掌內旋，翻腕採拿甲的右腕，向右後上方採領提起；左手鬆開甲的左腕，邊內旋邊屈肘，向右上畫弧附於右腕側；隨即左腳向前上一步，落於甲左腿內側（襠間），左腿屈曲，右腿伸直成左弓步；同時，左掌向前，以掌根和掌側推擊甲的胸肋部；眼視甲胸肋部。

甲當被乙右採領時，重心升起並隨之前移以緩解採勁；而當乙左掌推擊將到時，迅即重心後移，並含胸、拔背、右轉腰，以緩解乙掌推擊的力量；左手向後收於左胯側；眼視

圖 202

右前方。（圖 201、圖 202）

【要點】

①甲做「海底針」時，右採與左插要形成相互抗爭的含蓄力量。上體前俯但不可低頭。

②乙做「閃通臂」時，換步、弓腿與轉腰，採領與推掌均須協調連貫、輕靈而又沉穩。

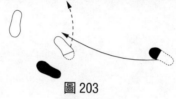

圖203

63. 甲手揮琵琶　乙彎弓射虎

①甲繼上勢不停。邊轉腰邊左腳略向右側移動，腳後跟提起，兩腳彎曲成左虛步；同時，含胸、拔背、鬆胯並向右轉腰；右臂外旋，右手反拿乙右腕，隨鬆胯、轉腰向右下方採領，置於右膝上方；左掌自左胯側向前、向內附貼乙之右上臂近肘處，順勢向下採挒，上體隨之前俯；眼視左手方向。

乙當右臂被甲右下採時，迅即重心下降成低左弓步；同時，上體左轉並前俯；右臂內旋前伸，順勢隨之以緩解採挒的力量；左掌屈肘，向後收於右上臂內側；眼隨右手方向。
（圖203）

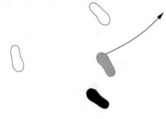

圖204

　②乙繼上勢不停。重心升起，右腳向前提起，腳尖自然
下垂，同時，上體略右轉；右拳變掌，翻腕反拿甲之右腕上
提；左掌分開按於左側；隨即右腳向右側方上一大步，右腿
屈曲，左腿伸直成右弓步，同時，上體繼續右轉；右手抓握
甲之右腕，借弓腿與轉腰之勢向右後方採領；左掌變拳，邊
外旋邊屈肘收經左腰側，再伸直向甲右胸肋部沖拳，力達拳
面，拳心朝下，成彎弓射虎勢；眼視左拳方向。

　　甲當被乙採領右腕時，順勢左腳向左側移一步；左手鬆
開乙的右臂左後畫弧，按於左側後方；當乙左拳擊肋時，重

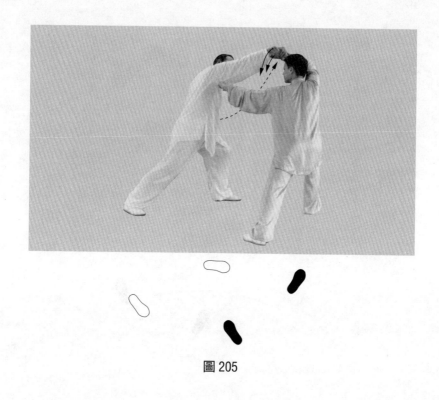

圖 205

心左移成左弓步，同時，左轉腰以閃躲之；右臂隨之上提；眼視乙面部。（圖 204、圖 205）

【要點】

①甲做「手揮琵琶」時，兩手有採乙右臂向右後捋帶的力量，還有右提左壓相對用力剪擊乙右肘關節，運用反關節的勁道。

②乙的「彎弓射虎」，左沖拳要與弓腿、轉腰及右手採領協調一致，左沖右領的力量相反相成，形成合力。

圖 206

64. 甲虛步單鞭　乙肘底捶

①甲繼上勢不停。左手自左腰側向前上方畫弧掤攔乙的右前臂內側近腕處，掌指斜向上；隨即右手脫開乙右手，邊內旋邊五指撮攏成鈎手，先微向右轉腰，右肘屈沉以肘尖經下向外掛開乙的左前臂，再用右鈎手頂部向前上方畫弧頂擊乙的下頜；同時，右腳畫弧向左前方進步，腳前掌著地成右虛步；眼視乙面部。

乙當甲右鈎頂將擊到下頜時，迅即上體向右側傾以閃躲

圖 207

之；同時，左拳變掌，移至甲右上臂外側，掌心斜向下；眼
視甲面部。（圖 206、圖 207）

②乙繼上勢不停，上體邊右傾邊左腳向右移上步，落於
甲右腿外側，前腳掌著地成左虛步；同時，左掌沿甲右臂外
側屈肘，收至右前臂近肘部向右推攔，掌指斜朝上；右手變
拳，收於右腰側；隨即左腳向左側活半步，左腿屈曲，右腿
伸直成左弓步，上體前傾並微左轉；同時，右拳借勢向前沖
擊甲胸肋部；眼視甲胸肋部。

圖 208

　　甲當乙右推攔時，右臂隨之左移，左掌向左後上方畫弧
舉於左後上方；而當乙右拳擊肋將到時，微含胸、拔背、鬆
胯並微右轉腰，以緩解沖拳的力量；眼視乙面部。（圖
208、圖 209）

圖209

【要點】

　①甲做「虛步單鞭」時，轉、掛、頂、擊均要以腰為軸，帶動上肢變化及下肢右動步。

　②乙做「肘底捶」時，左掌沾貼甲右臂向右推攔與右拳向左前打肋也要形成合力，同時充分運用傾、轉、含、展的身法。

圖 210

65. 甲十字手　乙如封似閉

①甲繼上勢不停。邊右轉腰邊右鈎變掌,沾貼乙右上臂,右前臂沾貼乙右臂向下沉按;右腳踩實,隨即重心前移,右腿屈曲,左腿伸直成右弓步;同時,左掌沿右前臂前伸,插向乙的喉部,掌心朝下,掌指朝前;眼視乙面部。

圖 211

　　乙當甲右臂向下沉按時，兩臂隨之向下移動；而當甲左
掌插喉時，重心略後移，並略向左側傾仰；眼視甲面部。
（圖 210、圖 211）

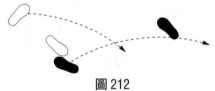

圖212

　　②乙繼上勢不停。上體立起並略右轉；同時，左掌沾貼甲左腕，邊外旋邊向右、向上畫弧，屈臂掤舉於頭前，掌心向內；右拳變掌，沾貼左肘，邊外旋邊向右、向上畫弧掤舉於右側方，掌心斜向左；隨即左腳後退一步，腳前掌著地，兩腿彎曲，重心仍在右腿；同時，兩手邊內旋邊向左、向下畫弧，掌心均向前按甲的左前臂，右掌附按甲左肘處，左掌附按甲左腕處；眼視兩手前按方向。

　　甲繼上勢不停。重心前移接近右弓步；同時，隨乙的掤勢，也以左前臂掤住的雙手，左掌心向內，右掌隨之畫弧置於左前臂內側，以助前掤之力量；隨即左腳向前上一步，左

圖 213

腿屈曲，右腿微屈接近左弓步；當乙兩手前按時，隨之左臂
以肘關節為軸，左手下落橫於胸前；右臂前臂附貼左前臂內
側成擠勢，右掌掌心指近左肘處，掌心向內；眼視前擠方
向。（圖 212、圖 213）

【要點】

①甲左掌前伸插乙喉部，須貼右前臂穿行，以隱蔽攻擊
企圖。上步與掤、擠等動作要協調配合，上盤動作與乙要
沾、連、黏、隨。

②乙的掤與按要同退步協調一致，連綿不斷。甲、乙既
要相隨，還要相掤，飽滿圓撐。

圖 214

66. 甲上步雙按 乙退步雙托

①甲繼上勢不停。重心略後移,上體微右轉;同時,右手從左前臂內向左、向上畫弧伸出,右手掤住乙右手,右腕沾貼乙右腕,掌心向外;左手隨之向左上畫弧,沾貼乙右肘處,形成雙掤勢;眼視乙面部。

乙隨甲雙掤右手,向右、向上畫弧,右腕沾貼甲右腕前掤,掌心向內;右手隨畫弧沾貼甲右肘處,形成雙掤勢;同時重心後移至左腿;眼視甲面部。(圖214)

圖 215

②甲繼上勢不停。兩手沾掤住乙的右前臂,向右畫弧再
向前推按,掌指斜朝上;同時,右腳上步,屈膝併立,兩腳
間距約為 10 公分;眼隨前按之手。

乙當甲雙按來時,右手以肘為軸,向左下落橫置於身
前,平掤住甲的兩手;左臂同樣順勢平屈,沾貼右前臂以助
掤擠的力量;同時,右腳後退一步,屈膝併立,兩腳間距約
為 10 公分;隨即兩手同時向外翻腕,拿住甲的兩前臂,纏絲
外旋,沾掤上托甲兩前臂,掌心朝上;眼隨前托的方向。

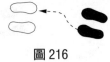

圖 216

（圖 215、圖 216）

【要點】

①甲在雙按時，須沉肩、墜肘，力點達掌根。兩臂運轉時，一要腰活，二要掤圓。

②乙隨甲按，兩臂要同甲沾、連、黏、隨，然後纏絲外旋，守而後攻，變手要巧妙。

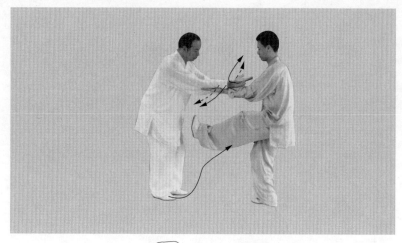

圖 217

67. 甲雙分踩腿　乙雙托左踹

乙繼上勢不停。邊兩手托推甲兩前臂，邊左腳提起，向前由屈到伸踹擊甲之小腹部，力達腳底，右腿微屈支撐；眼視左腳踹擊方向。

甲當乙左腳即將踹到時，迅即略收腹並提起右腳，膝關節外展，自右向左橫踩乙之左小腿外側，力達腳底，同時，上體略向右傾；兩臂內旋，兩掌同時向外撐撥乙的兩前臂近腕處；左腿伸直或微屈支撐；眼視右腳橫踩方向。（圖217、圖218）

圖 218

【要點】

乙的「踹」與甲的「踩」要掌握好時間感，既不可乙未踹出就踩出，也不可踹出停住而甲尚未動腿，應在乙將踹到時即右腿橫踩反擊到位。上盤的「雙托」或「雙分」及身法均要協調配合。

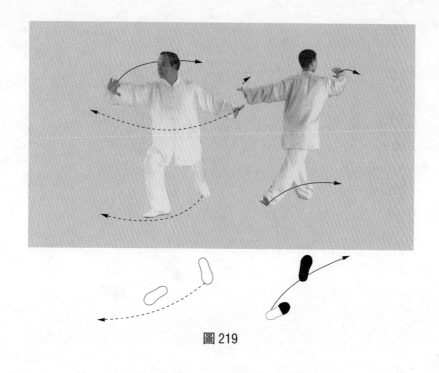

圖 219

68. 甲轉身擺蓮　乙轉身騰空擺蓮

①甲繼上勢不停。上體向右後方轉動，右腳向右前方上步，腳尖外撇，右腿屈曲；同時，右手經右腰側畫弧，向右前方推出，掌心斜向外，腕約同肩高；左掌順勢下落按於左後方；隨即借右後轉體的慣性，左腳向前方上一步，腳尖內扣，上體繼續向右後轉；兩臂隨之轉動；眼隨後手而動。

圖 220

　　乙繼上勢不停。上體向右後方轉動，左腳向右前方上步，腳尖內扣；同時，右手經右腰側畫弧，向右前方推出，掌心斜向外，腕約同肩高；左掌順勢按於左後方；隨即右腳經左腿內側上步，腳尖外撇，右腿屈曲，上體繼續右轉；兩臂隨之轉動；眼隨右手而動。（圖 219、圖 220）

　　②甲繼上勢不停。上體繼續向右後轉動，重心移於左腿，右腳伸直提起，自左向右畫一大弧擺動；左、右掌隨右後轉擺到右後方，再自右向左畫弧，先左掌後右掌，依次拍擊右腳面；眼視右前上方。

　　乙繼上勢不停。上右腳的同時蹬地跳起，左腿屈膝扣腿

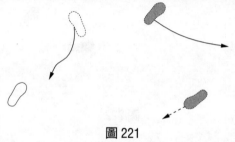

圖 221

擺起，在身體右後轉體騰空過程中完成左、右掌依次拍擊右
腳面；眼視右前上方。（圖 221）

【要點】

①甲做「轉身擺蓮」時，要注意上兩步，先撇後扣，動
作連貫，要借助上步轉體的慣性。做右起腿外擺蓮，幾乎轉
體 270°。

②乙也要借助扣、擺兩步的慣性，邊轉邊跳起騰空，在
空中完成外擺擊響，幾乎轉體 270°。年長者或身體素質不具
備者也可不跳起騰空，只做上步轉體擺蓮。

圖 222

69. 甲彎弓射虎 乙獨立打虎

①甲繼上勢不停。右腳擊響後右腿屈曲，右腳緩緩地落於右前方，同時右後轉體；兩手隨轉體自左側前方經腹前向右後方畫弧，右掌置於右後方，左手置於右側方，均掌心朝下；眼先隨左手後隨右手而動，視右手方向。

乙繼上勢不停。左、右腳依次落地，左腿屈曲，右腳向右斜後方落步，隨即重心移至右腿，右腿屈曲，左腿伸直，同時上體右轉；隨轉體左、右掌前後分開，掌心斜向外；眼

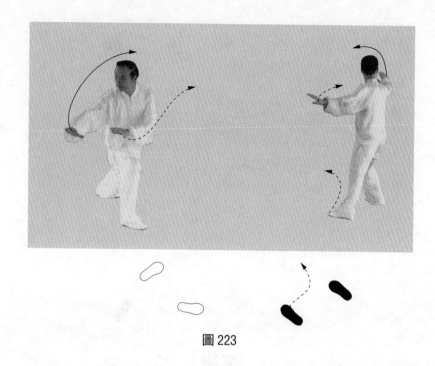

圖 223

先隨左手後隨右手，視右手方向。（圖 222、圖 223）

②甲繼上勢不停。重心右移，右腿屈曲，左腿伸直成右
弓步，同時略向左轉腰；右掌變拳，向下、向前畫弧架於頭
部側上方；左掌變拳，向左前方畫弧沖出，力達拳面，拳眼
朝上，腕略低於肩；眼隨左拳方向視乙面部。

乙繼上勢不停。左腳蹬地，左腿屈膝提起，腳尖略內扣
上翹，同時向左轉體；右掌變拳，向上、向前畫弧架於頭部
右側上方；左掌變拳，屈臂收捧於胸前，兩拳拳眼斜相對；
眼隨左拳方向，視甲面部。（圖 224）

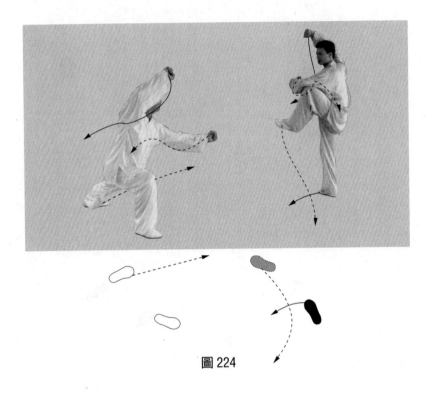

圖 224

【要點】

①甲、乙各自向右斜後約 45°方向動作，定勢時甲、乙斜相對也約成 45°角。

②甲、乙均遵照「欲左先右」的原則，各自先右轉腰再左轉體定勢，手眼身步均須協調一致。同時要飽滿、圓撐。

70. 甲乙收勢

①甲上體右轉，左腳向左後方移動接近成右弓步；同時，兩拳變掌，經腰側向前上方伸出，臂微屈，掌心均向上，腕比肩略低；隨即左腳向前上步成平行開立步，兩腿彎

圖 225

曲，兩腳間距約同肩寬；同時，兩手向後、向下畫弧落至胯
旁，掌心仍朝上；眼平視前方或略視右前下方。

　　乙右腳蹬地略向前移，左腳向左前方落地，左腿屈曲，
右腿伸直接近成左弓步；同時，兩拳變掌，經腰側向前上方
伸出，臂微屈，掌心均朝上，腕比肩略低；隨即右腳向前上
步成平行開立步，兩腿彎曲，兩腳間距約同肩寬；同時，兩
手向後、向下畫弧落至胯旁，掌心仍朝上；眼平視前方。
（圖 225、圖 226）

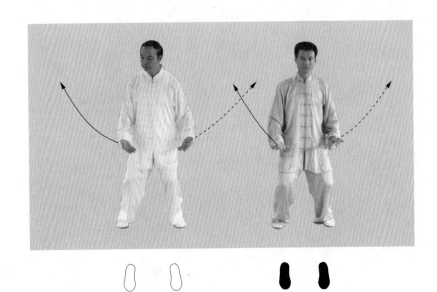

圖 226

②甲、乙同時兩手分別向左、右側上方畫弧成側平舉，掌心均朝上，約與肩同高；隨即兩手同時向上、向內畫弧，經耳側慢慢下按至胯旁，臂微屈，掌心朝下，兩腿伸直；眼平視前方。（圖 227、圖 228）

③甲、乙同時兩掌向外，畫小弧落貼於左、右大腿兩側；隨即左腳收於右腿內側成兩腳併立；眼視前方。（圖 229、圖 230）

【要點】

①乙墊步成左弓步要與甲的弓步幾乎平行在一條橫線上。

②收勢還原動作均要連貫、柔和、圓活。兩手下落時，配以徐徐沉氣。還原併立勢須微收下頜，上體正直。

圖 227

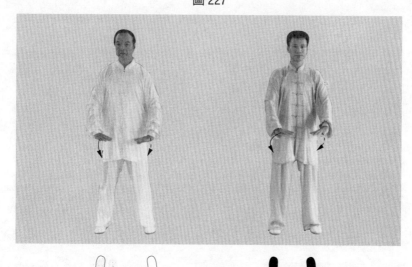

圖 228

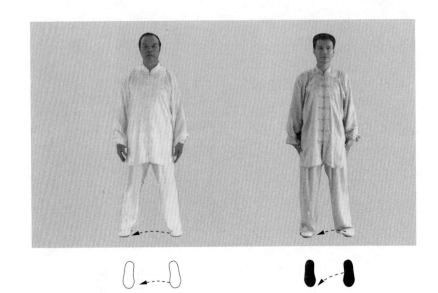

圖 229

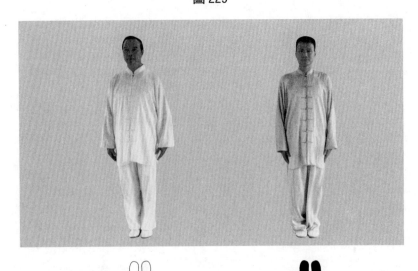

圖 230

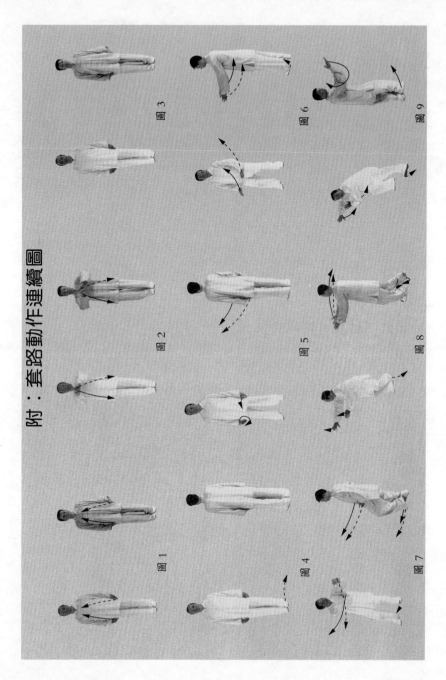

附：套路動作連續圖

圖 1　圖 2　圖 3
圖 4　圖 5　圖 6
圖 7　圖 8　圖 9

251

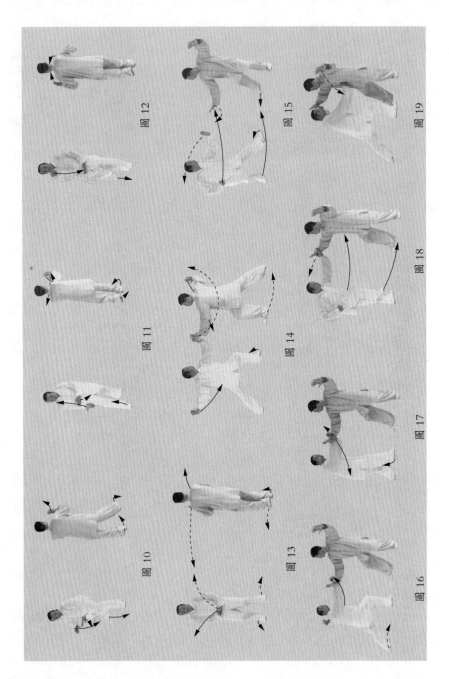

圖 12　　　　圖 11　　　　圖 10

圖 15　　　　圖 14　　　　圖 13

圖 19　　　　圖 18　　　　圖 17　　　　圖 16

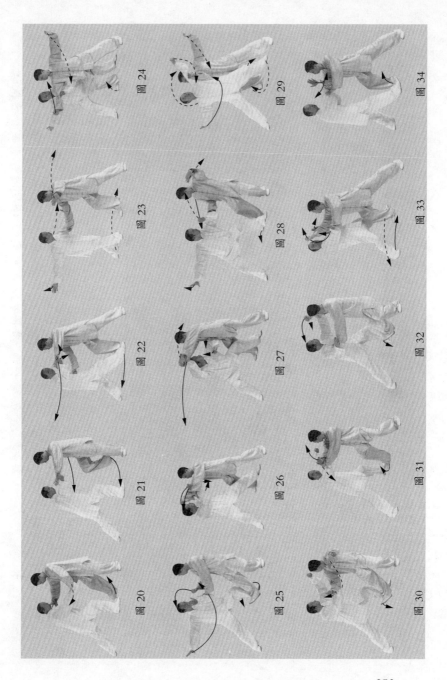

圖 24   圖 23   圖 22   圖 21   圖 20

圖 29   圖 28   圖 27   圖 26   圖 25

圖 34   圖 33   圖 32   圖 31   圖 30

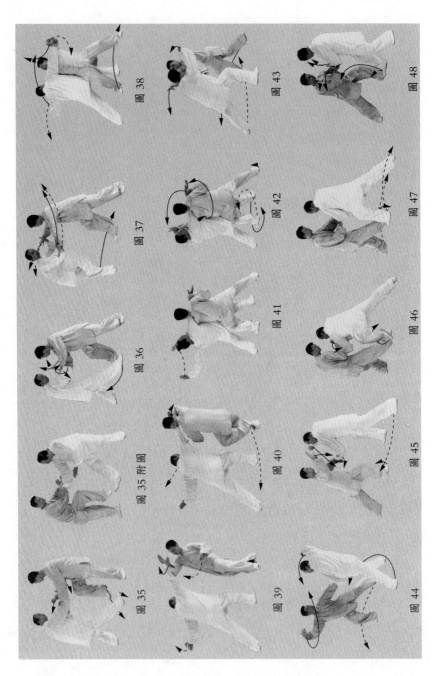

圖 38　　　圖 37　　　圖 36　　　圖 35 附圖　　　圖 35

圖 43　　　圖 42　　　圖 41　　　圖 40　　　圖 39

圖 48　　　圖 47　　　圖 46　　　圖 45　　　圖 44

254

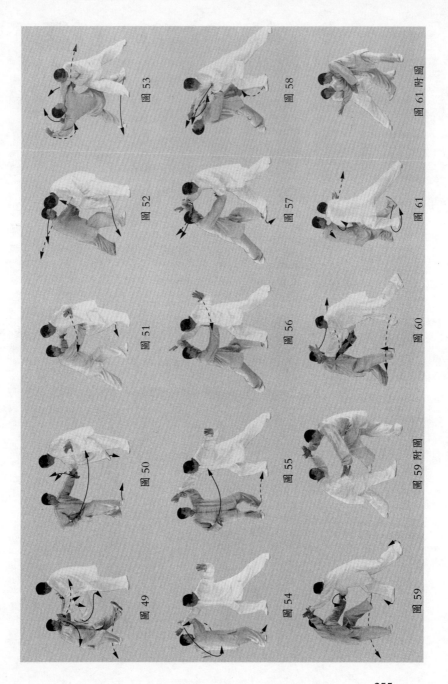

圖 53　　圖 52　　圖 51　　圖 50　　圖 49

圖 58　　圖 57　　圖 56　　圖 55　　圖 54

圖 61附圖　圖 61　　圖 60　　圖 59附圖　圖 59

圖 62 圖 63 圖 64 圖 65 圖 66

圖 67 圖 68 圖 69 圖 69 附圖 圖 70

圖 71 圖 72 圖 73 圖 74 圖 75

圖 76　圖 77　圖 78　圖 79　圖 80

圖 81　圖 82　圖 83　圖 84　圖 85

圖 86　圖 87　圖 88　圖 89　圖 90

257

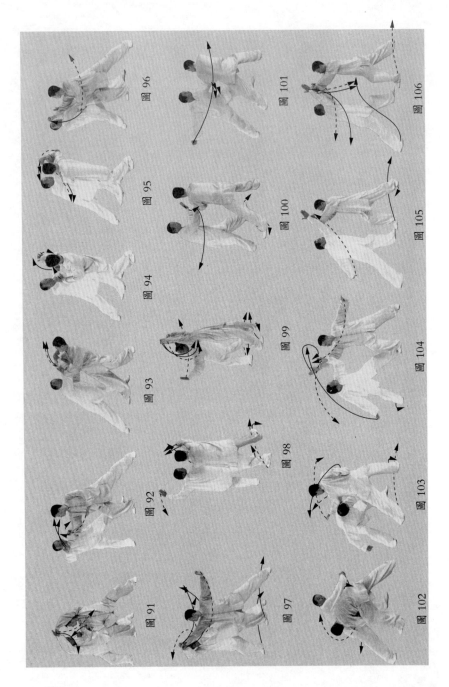

圖 96　圖 95　圖 94　圖 93　圖 92　圖 91

圖 101　圖 100　圖 99　圖 98　圖 97

圖 106　圖 105　圖 104　圖 103　圖 102

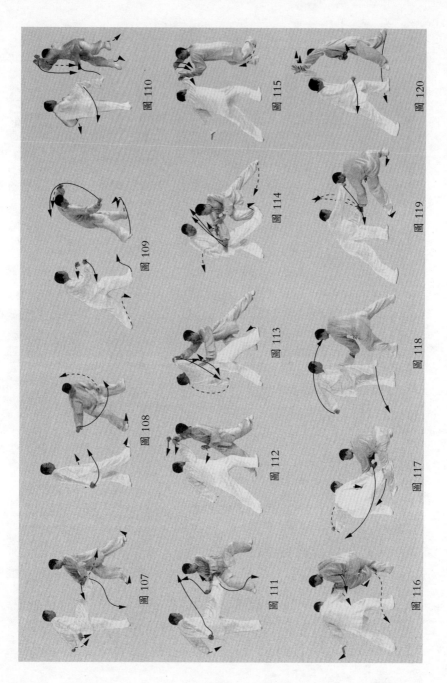

圖 107 圖 108 圖 109 圖 110

圖 111 圖 112 圖 113 圖 114 圖 115

圖 116 圖 117 圖 118 圖 119 圖 120

259

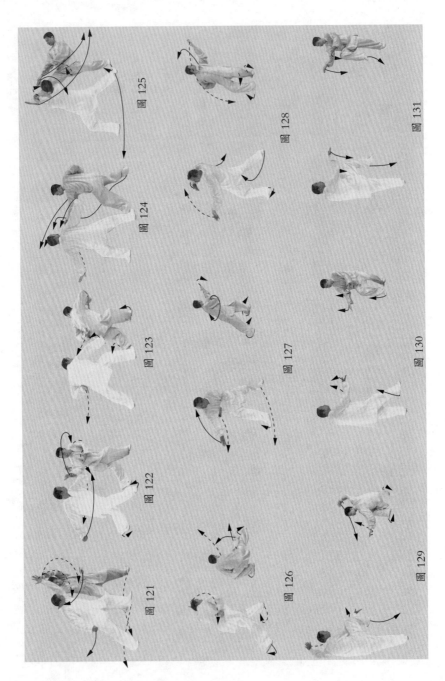

圖 121　圖 122　圖 123　圖 124　圖 125

圖 126　圖 127　圖 128

圖 129　圖 130　圖 131

260

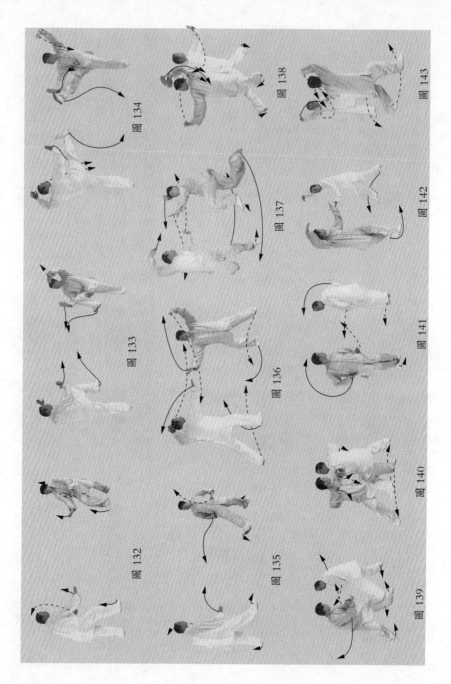

圖 132　圖 133　圖 134

圖 135　圖 136　圖 137　圖 138

圖 139　圖 140　圖 141　圖 142　圖 143

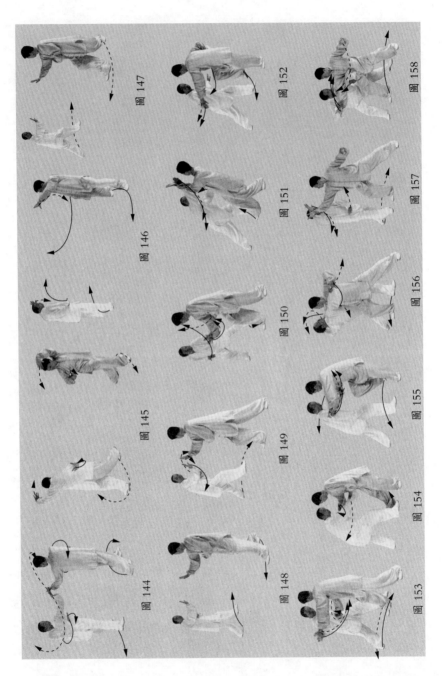

圖 144　圖 145　圖 146　圖 147

圖 148　圖 149　圖 150　圖 151　圖 152

圖 153　圖 154　圖 155　圖 156　圖 157　圖 158

262

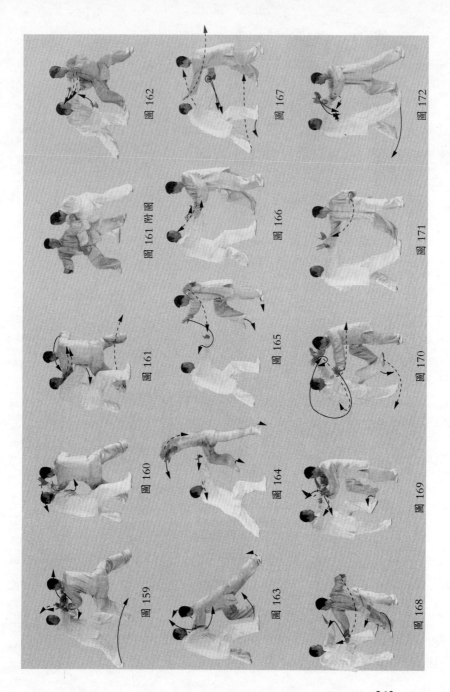

圖 159　　圖 160　　圖 161　　圖 161 附圖　　圖 162

圖 163　　圖 164　　圖 165　　圖 166　　圖 167

圖 168　　圖 169　　圖 170　　圖 171　　圖 172

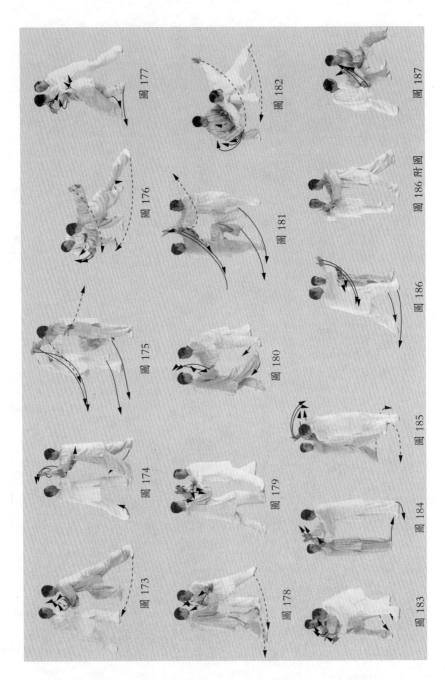

圖 177　　圖 182　　圖 187

圖 176　　圖 181　　圖 186 附圖

圖 175　　圖 180　　圖 186

圖 174　　圖 179　　圖 185

圖 173　　圖 178　　圖 184

圖 183

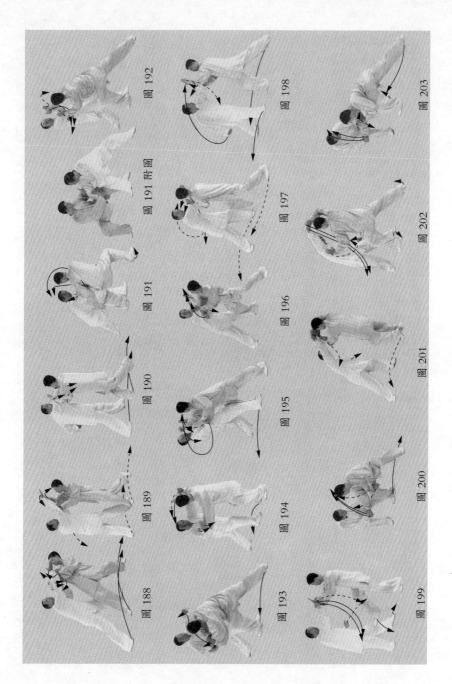

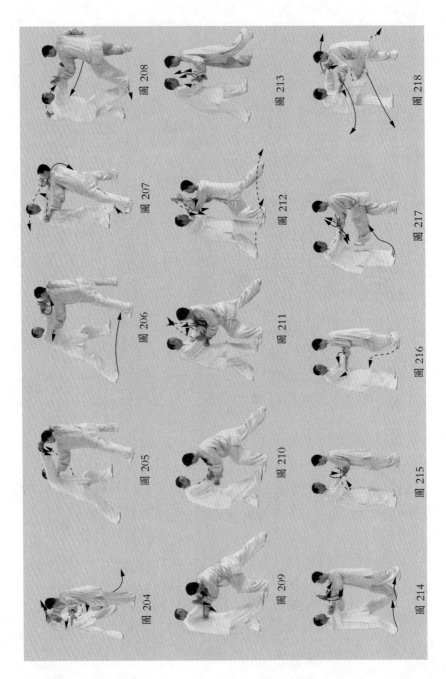

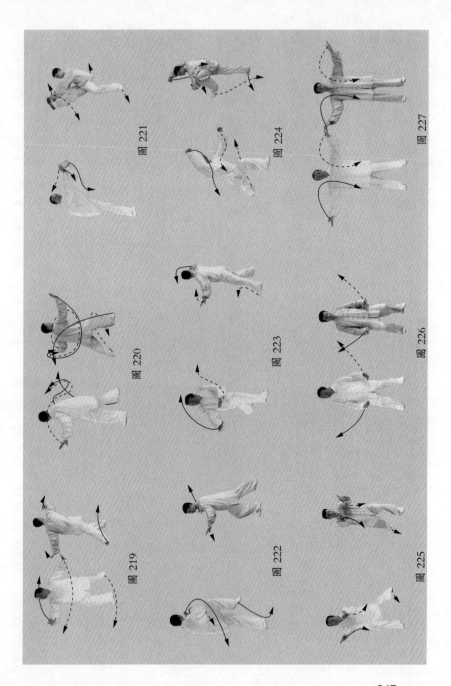

圖 219

圖 220

圖 221

圖 222

圖 223

圖 224

圖 225

圖 226

圖 227

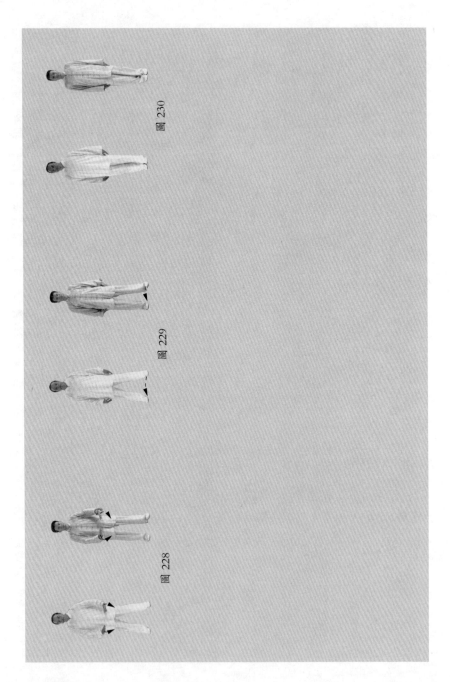

圖 230　　　　圖 229　　　　圖 228

曾乃梁簡歷

曾乃梁，男，1941 年 11 月 29 日出生。福建省福州市人。中共黨員。武術國家級教練（正高級），國家級武術裁判員，武術八段。歷任福建省武術隊主教練，現任福建省武術協會副會長、學術委員會主任。

12 歲開始習武，師從福建太極拳、南拳名師王于岐。1953～1959 年在福州二中就學，1959 年考入北京體育學院武術系（現爲北京體育大學），1964 年畢業，1967 年武術研究生畢業，師從著名武術家張文廣教授。1991 年曾任首屆世界武術錦標賽中國武術隊領隊；1992 年任第 4 屆中日太極拳比賽中國隊主教練。1993 年 5 月出任首屆東亞運動會中國武術隊主教練，同年 11 月出任第 2 屆世界武術錦標賽韓國隊教練；同年 12 月出任第 5 屆中日太極賽暨首屆國際太極拳邀請賽中國隊領隊。1994 年出任第 12 屆亞運會中國武術隊主教練。1996 年赴馬尼拉，當亞洲武術裁判員培訓班教練員，後留任菲律賓國家隊教練，參加第 4 屆亞洲武術錦標賽。1997 年受聘赴雅加達，任印尼國家隊教練。1989 年起多次赴日本講學。2001 年 3 月受中國武協邀請赴三亞，參加首屆世界太極拳健康大會名家演示並作專家輔導。

自 1977 年 4 月調回福建省體工大隊，組建省武術隊並任主教練。親自培訓的運動員，獲全國武術比賽以上冠軍者百餘人次。其中有 4 人次獲世界武術錦標賽金牌，4 人次獲亞運會

太極拳和南拳金牌。其中有第11屆亞運會和第2屆、第4屆世錦賽男子太極拳金牌得主、共獲32枚大賽金牌、有「太極王子」美譽的陳思坦；有首屆世錦賽和第12屆、13屆亞運會女子太極拳金牌得主、共獲32枚大賽金牌、有「太極女神」美譽的高佳敏；有第2屆世錦賽女子槍術金牌得主魏丹彤；有第12屆亞運會女子南拳金牌得主、被譽為「新南拳王」的王慧玲；有蟬聯6屆全國金牌和蟬聯3屆國際武術邀請賽女子太極拳冠軍、有「太極之花」美譽的林秋萍；有第4屆亞錦賽男子南拳冠軍吳賢舉。還有吳秋花、傅正芬、代林彬、李強、周育玲、黃麗芳、邱金雄等一大批國內外大賽的名將。

此外，1993年受韓國武協的邀請，為韓國國家隊訓練兩個月，為取得第2屆武術世錦賽1金1銅好成績作出貢獻，被授予「功勞牌」。1996年應菲律賓武協之邀，培訓菲國家隊一個月，為取得第4屆亞錦賽女子太極劍冠軍等好成績作出貢獻。

在武術學術上有較高的造詣。1987年發表論文《太極運動推向世界戰略之初探》，獲首屆全國武術學術研討會最高獎——大會優秀獎。論文在《中華武術》《武術健身》《武林》《中國武術精華》及《中國體育》外文版上發表，在國內外有較大影響。是《中國大百科全書》體育卷、《中國武術辭典》部分條目的撰稿人，撰寫條目3萬餘字。被聘為《中國武術大百科全書》的編委，並參與《中國武術史》《中國武術段位制》《國際武術推廣教材》的審定工作。與衛香蓮合編《太極拳入門及功法》，其中《六手太極功入門》被譯成日文、英文，在日本及歐美推廣。主編21萬餘字的《體育欣賞入門》，還與他人合作編寫出版《武術運動小知識》《武術基礎

練習》等書。受中國武術研究院之委托，爲全國武術高、中級教練員培訓班撰寫部分教材，並多次講課。撰稿、策畫並指導，與弟子合作拍攝《太極拳大系》《中華太極譜》等太極拳系列錄影帶、VCD 共 17 盒，在國內外廣爲傳播。

提出的太極拳教學訓練四階段的見解、「太極拳十大教學法」的觀點、太極拳陰陽平衡說，以及關於創編太極拳系列統一套路與設太極小系列的主張，提出的要以「太極語言」表達運動感情，「以心練拳」，達到「拳情並茂」「吾即太極」境界的觀點，關於六個「養生說」的觀點，均具有創見性和較強的指導意義。受聘爲武打片《木棉袈裟》擔任武打設計，該片獲得文化部特別獎。近年來，還主編有「華武初級太極扇」「華武中級太極扇」「華武太極杆」「八卦太極劍」及「太極拳對練」等。

鑒於其在武術理論和實踐方面的建樹，多次被授予國家體育運動榮譽獎章，多次被福建省人民政府記功、記大功。被授予省「五一勞動獎章」、省「勞動模範」、省「優秀專家」等稱號。1993 年獲國務院頒發的在社會科學方面有突出貢獻的政府特殊津貼專家證書，1995 年獲「中國當代十大武術敎練」稱號，1996 年獲「世界太極科技貢獻獎」。他的事蹟被列入《中國武術百科全書》人名錄、《中華武林著名人物傳》，1999 年被列入《中華魂‧中國百業英才大典》和《世界優秀人才‧中華卷》。

國家圖書館出版品預行編目資料

新編太極拳對練／曾乃梁　陳思坦　編著
——初版，——臺北市，大展，2006年〔民95〕
面；21公分，——（武術特輯；76）
ISBN 957-468-436-9（平裝）

1.太極拳
528.972　　　　　　　　　　　94024174

新編太極拳對練

ISBN 957-468-436-9

編 著 者／曾乃梁　陳思坦
責任編輯／張建林
發 行 人／蔡森明
出 版 者／大展出版社有限公司
社　　址／台北市北投區（石牌）致遠一路2段12巷1號
電　　話／（02）28236031・28236033・28233123
傳　　眞／（02）28272069
郵政劃撥／01669551
網　　址／www.dah-jaan.com.tw
E－mail／service@dah-jaan.com.tw
登 記 證／局版臺業字第2171號
承 印 者／高星印刷品行
裝　　訂／建鑫印刷裝訂有限公司
排 版 者／弘益電腦排版有限公司
授 權 者／北京人民體育出版社
初版1刷／2006年（民95年）2月

定價／280元

●本書若有破損、缺頁敬請寄回本社更換●

大展好書　好書大展
品嘗好書　冠群可期

大展好書　好書大展
品嘗好書　冠群可期